MW01463564

La Revolución del Capital Humano

La Revolución del Capital Humano

Cómo generar el máximo valor,
a través de las personas,
en el nuevo mundo de trabajo

Carlos Vivar

LA REVOLUCIÓN DEL CAPITAL HUMANO
Cómo generar el máximo valor, a través de las personas, en el nuevo mundo de trabajo

Primera edición, marzo 2024
©Carlos Vivar, 2024

larevoluciondelcapitalhumano@gmail.com
LinkedIn: in/carlosevivar

Página del autor en Amazon:
https://amazon.com/author/carlosvivar

Edición y Diagramación: David Manangón
Diseño de portada: Marco Pérez
Publicado por: Marcel Verand

El presente texto es de única responsabilidad del autor. Queda prohibida su reproducción total o parcial por cualquier medio de impresión o digital, en forma idéntica, extractada o modificada, en castellano o en cualquier idioma, sin autorización expresa del autor.

*A mis padres, Edmundo (f) y Olga.
Ellos habrían festejado conmigo
este sueño hecho realidad.*

Carlos Vivar es un experto en gestión estratégica del Capital Humano. Licenciado en Relaciones Industriales por la Universidad de San Martín de Porres y con un MBA otorgado por el PAD de la Universidad de Piura.

A lo largo de una trayectoria de cuarenta años en importantes empresas multinacionales de primer nivel, ha acumulado conocimientos y experiencia acerca de los desafíos que implica gestionar al Capital Humano.

En los primeros años de su vida profesional se desempeñó como especialista a cargo de diferentes procesos de gestión de personas en empresas peruanas y multinacionales de servicios y financieras. Al iniciar la segunda mitad de su vida profesional, asumió la gerencia de recursos humanos para Perú en una importante multinacional de alimentos y luego se extendió esa responsabilidad para dos países (Perú y Ecuador) por cuatro años. Durante los últimos 16 años, trabajó para una de las más prestigiosas compañías de consumo, primero como director de Capital Humano en Perú y, finalmente, como director corporativo de talento y cultura, basado en México.

En el campo académico, es docente en la Escuela de Postgrado de la Universidad Peruana de Ciencias Aplicadas y conferencista invitado en el PAD de la Universidad de Piura. Es autor de publicaciones y artículos para diferentes medios en varios países y speaker en diversos foros especializados.

http://www.linkedin.com/in/carlosevivar

larevoluciondelcapitalhumano@gmail.com

PRÓLOGO

La RAE define «revolución» como un cambio profundo, generalmente violento, en las estructuras políticas y socioeconómicas de una comunidad. No obstante, a lo largo de la historia, esta palabra ha recibido diversas interpretaciones, desde Aristóteles, quien la describía como una modificación radical partiendo de una constitución existente, hasta Marx, quien la conceptualizaba como la transformación, ya sea lenta o abrupta, en el amplio conjunto de las superestructuras política y jurídica de la sociedad.

En la historia de la humanidad, las revoluciones han conllevado un cambio rápido y violento de condiciones sociales aparentemente inamovibles. Basta recordar la primera revolución industrial y su impacto en las estructuras sociales, dando lugar al surgimiento de empresas como entidades económicas y de poder, tal como las conocemos hoy.

Asumo que tú, estimado lector, coincidirás conmigo en que vivimos una nueva revolución, iniciada con la digitalización de procesos e interacciones, y acelerada por la pandemia del Covid-19. Esta revolución está transformando de manera profunda y radical el mundo del trabajo, desafiando paradigmas y modelos que hasta hace poco considerábamos inalterables.

Por este motivo, he titulado este libro *La Revolución del Capital Humano*, ya que el mundo del trabajo nunca más volverá a ser el mismo. Los significativos cambios que se están dando en las estructuras sociales y organizacionales son irreversibles y cambiarán para siempre la forma en que nos relacionamos e interactuamos.

Viviendo este proceso de transformación, en los momentos más álgidos de la pandemia, me vino a la mente la idea de plasmar algunas reflexiones en un libro. Dos años después, este libro vio la luz con la esperanza de acompañar a quienes enfrentan la difícil tarea de gestionar el talento en las organizaciones y liderar personas, las dos, responsabilidades no menos desafiantes.

Si algo he aprendido en este tiempo es que la persona es y será el centro de la estrategia empresarial, y no puede ni debe ser tratada como un «recurso». Por eso prefiero hablar de **Capital Humano**, ya que esperamos que el capital genere valor, pero para ello, debemos invertir en él.

Quiero aclarar que en el libro utilizo los términos «empleado» y «trabajador» indistintamente para referirme a las personas que forman parte de una compañía. Opté por no usar el término «colaborador» para evitar polémicas que podrían desviar la atención de los temas relevantes.

Espero que este libro sea el inicio de numerosos diálogos y discusiones sobre el futuro de la gestión del Capital Humano, ya que aún hay mucho por decir y construir al respecto. Mientras tanto, estaré encantado de recibir tus opiniones y comentarios, los cuales prometo responder con el fin de fomentar un diálogo constructivo.

Monterrey, 18 de enero de 2024

Carlos Vivar
larevoluciondelcapitalhumano@gmail.com

CONTENIDO

Prólogo 11

CAPÍTULO 1 | El punto de inflexión 15
   El desafío de las transformaciones digitales 17
   Las personas como centro de atención.................................20
   Los grandes desafíos del nuevo mundo del trabajo............23
   Mis conclusiones 30

CAPÍTULO 2 | El Capital Intelectual 33
   La estructura del Capital Intelectual......................................36
   La contribución del Capital Humano......................................43
   Mis conclusiones 45

CAPÍTULO 3 | Desarrollar al Capital Humano................... 47
   Capitalizando el valor de la Experiencia................................48
   El aprendizaje como experiencia...50
   Centrarse en las habilidades 55
   Mis conclusiones 60

CAPÍTULO 4 | El Capital Humano como ventaja competitiva ... 63
   El Capital Humano como centro de la estrategia 66
   La transformación del Capital Organizacional 71
   Crear una cultura de Alto Desempeño 72
   Alcanzando el Alto Desempeño 75
   Mis conclusiones 80

CAPÍTULO 5 | Motivar y comprometer al Capital Humano 83
   Los nuevos paradigmas en la gestión del Capital Humano 85
   El propósito como motivador e impulsor del Alto Desempeño 87
   La importancia de la Propuesta de Valor al Empleado 96
   La gestión de la Experiencia del Empleado para fortalecer el compromiso 107
   Mis conclusiones 117

CAPÍTULO 6 | Liderar al Capital Humano 119
   Los orígenes del liderazgo 120
   Liderar en tiempos de incertidumbre 124
   Liderar la Innovación 129
   La diversidad cognitiva 132
   La seguridad psicológica 134
   Liderazgo colaborativo 138
   Mis conclusiones 141

CAPÍTULO 7 | Gestionar el cambio con el Capital Humano 143
   Garantizar la continuidad del liderazgo 146
   Asegurar las capacidades organizacionales necesarias 148
   Construir el lugar de trabajo del futuro 150
   Equilibrar ahorros e inversiones en talento 151
   Impulsar el lado humano de la sustentabilidad 153

CAPÍTULO 8 | Diseñar la estrategia para triunfar con el Capital Humano 157
   Las iniciativas y objetivos estratégicos de la compañía 158
   La cultura y los procesos de Capital Humano. 162
   La función de Capital Humano. 163

Epílogo 165

EL PUNTO DE INFLEXIÓN

«No es la especie más fuerte ni la más inteligente la que sobrevive, sino la que mejor se adapta a los cambios».

—*Charles Darwin*

La transformación del mundo del trabajo inició hace poco más de una década, cuando las grandes compañías del mundo comenzaron a digitalizar sus principales procesos. La pandemia de Covid-19, no hizo otra cosa que acelerar este proceso de transformación y por ello, en mi opinión, constituye un punto de inflexión[1] en este proceso.

---

1. La denominación «punto de inflexión» es originaria de las matemáticas (punto donde los valores de una función continua pasan de un tipo de concavidad a otra), pero también se aplica en las ciencias sociales para definir un punto dentro de un sistema social en el que un pequeño cambio cuantitativo puede desencadenar cambios rápidos y no lineales, que terminan conduciendo a un estado cualitativamente diferente del sistema social.

Un reciente informe de la CEPAL[2] señala que la pandemia fue inusitada en la medida que planteó un desafío al sistema socioeconómico mundial y, además, originó un importante replanteamiento de las prácticas sociales y sistemas productivos que hasta ese momento dábamos por normales. A partir de la aplicación de las primeras medidas sanitarias para evitar contagios, comenzaron a acumularse evidencias que daban cuenta de la importancia de las tecnologías digitales para contrarrestar el aislamiento, difundir medidas profilácticas, y facilitar el funcionamiento de sistemas económicos. Entre los indicadores más claros menciona el aumento en la adopción de banda ancha en una tasa anual más elevada que en años anteriores, el incremento exponencial del tráfico de Internet, la importancia del teletrabajo, y la necesidad de mantener activas las cadenas de aprovisionamiento y distribución de bienes. De esta forma, la pandemia nos hizo vivir una forzosa curva de aprendizaje en el uso de numerosas herramientas digitales, sin las cuales no era posible mantenernos trabajando, estudiando, o informándonos.

El informe señala que, en el contexto de la pandemia, se comprobó el impacto de la digitalización en los niveles de PIB[3], productividad y empleo; pero, sobre todo, el rol crucial que esta tuvo al pasar a convertirse en un elemento crítico para la resiliencia económica. Así, a pesar del confinamiento, la gente pudo continuar realizando actividades

---

2. J. Jung y R. Katz, «Impacto del COVID-19 en la digitalización de América Latina», Documentos de Proyectos (LC/TS.2022/177/Rev.1), Santiago, Comisión Económica para América Latina y el Caribe (CEPAL), 2023

3. El producto interno bruto o producto interior bruto (PIB), también conocido como producto bruto interno (PBI) en algunos países Latinoamericanos, es una medida macroeconómica definida para expresar el valor monetario de la producción de bienes y servicios de un país durante un período determinado.

que en el pasado requerían necesariamente del contacto físico: trabajar a distancia desde el hogar, realizar compras por Internet, acceder a información en línea, mantener a los hijos atendiendo clases a través de los medios digitales, y realizar actividades de socialización y entretenimiento.

A nivel empresarial, la digitalización de los procesos productivos demostró ser imprescindible para mantener la economía en funcionamiento a pesar de la crisis. Más allá de la posibilidad del teletrabajo, las cadenas de aprovisionamiento y los canales de distribución digitalizados contribuyeron a mantener el nivel de producción en un contexto en el que tuvieron que minimizase los contactos sociales.

Si bien es cierto, la digitalización no resultó ser un tema nuevo para gran parte de las compañías, toda vez que los esfuerzos por digitalizarse ya venían siendo parte de sus planes estratégicos desde varios años atrás; el desafío que instaló esta coyuntura fue el cómo acelerar esa transformación digital.

El desafío de las transformaciones digitales

Los procesos de transformación digital suponen, o deberían suponer, el recorrer gradualmente por varias etapas que van construyendo una curva de aprendizaje. El no hacerlo así, significó el fracaso de gran parte de este tipo de iniciativas, al menos en la última década.

El profesor de Estrategia y Transformación Digital en IMD en Suiza, Didier Bonnet, refiere que la tasa de transformaciones digitales que no logran cumplir sus objetivos originales oscila entre el 70% y el 95%, con un promedio del 87,5%[4]; atribuyendo esto a tres razones principales:

1. El fijarse objetivos demasiado optimistas en sus expectativas tanto sobre el momento como sobre el alcance del resultado.

2. La mala ejecución, sumada a la falta de una gobernanza adecuada, la priorización del despliegue de tecnología sobre la adopción por parte de los usuarios, la adopción de métricas incorrectas y cosas similares.

3. El ritmo a la hora de liderar y gestionar la transición entre lo viejo y lo nuevo.

Y agrega que, es precisamente este último obstáculo, el menos apreciado, pero el más relevante, porque es el que configura la mencionada curva de aprendizaje digital. Para que una transformación digital tenga éxito, los altos directivos deben ser conscientes de esta curva de aprendizaje. Y, todo eso, se resume en una frase: «tienes que caminar antes de poder correr».

Es por ello que la transformación digital supone, en realidad, una transformación del negocio. Y no existe una transformación organizacional exitosa que no tome en cuenta a las personas.

Las organizaciones constituyen sistemas adaptativos complejos; tienen propiedades emergentes que no están presentes en sus piezas más pequeñas y no pueden replicarse simplemente digitalizando procesos o integrando nuevo software. Este pensamiento corresponde a Mike

---
4. Bonnet, Didier, «3 Stages of a Successful Digital Transformation», en.Harvard Business Review, setiembre 2022.

Walsh[5], director ejecutivo de *Tomorrow*, una consultoría global sobre diseño de empresas para el siglo XXI; quien, además, añade que, para hacer realidad esta transformación, las compañías deberían invertir más en capacidades (cosas que podrían hacer bien) que en competencias (cosas que hacen bien).

Y esto es, precisamente, lo que muchas compañías hacen, pero de forma contraria. Cegadas por el éxito que las hizo líderes en sus mercados y en modelos de negocio que todavía siguen dando buenos resultados, continúan operando con procesos de negocios que poco a poco se van volviendo lentos y obsoletos y, lo que es peor, continúan gestionando y desarrollando a su gente bajo esos criterios. Es decir, priorizando el desarrollo de competencias antes que el de capacidades.

En este nuevo contexto, este debería ser el foco prioritario en los planes estratégicos de quienes gestionamos personas. Ello exige replantearnos por completo cada uno de los conceptos y creencias que fuimos aprendiendo y adquiriendo respecto a lo que significa gestionar al talento. Implica, así mismo, mirar más allá de nuestros procesos tradicionales y abrirnos a disciplinas como el marketing, la tecnología de la información, las finanzas, entre otras.

La gestión de personas necesita de una mirada más holística e integral que no se logra si ponemos todo bajo el lente de los «Recursos Humanos». Los temas referentes a la gente deben verse, en primer lugar, con un enfoque de negocio, para luego, ahora sí, enriquecerlos desde la perspectiva del **Capital Humano**.

---

5. Walsh, Mike, «How to Navigate the Ambiguity of a Digital Transformation», en Harvard Business Review, noviembre 2021.

Y para las compañías, ello implica entender que las personas son más importantes que el dinero, los procesos y la tecnología, y que merecen ser vistas por sus empleadores como personas y no solo como empleados o trabajadores o, peor aún, como simples «recursos».

Las personas como centro de atención

En el último tramo de la pandemia, la OIT hizo público un llamado a la acción[6], el cual inicia describiendo las consecuencias de la pandemia en el mundo del trabajo:

- Pérdidas de horas de trabajo y el consiguiente aumento del desempleo, del subempleo, de la inactividad y de la informalidad.

- Merma en los ingresos laborales y empresariales por cierres y quiebras de empresas.

- Planteamiento de nuevos temas y necesidades en materia de seguridad y salud en el trabajo y de derechos fundamentales en el trabajo.

- Perturbación de las cadenas de suministro, lo cual tuvo consecuencias de gran alcance para los trabajadores afectados.

- A resultas de todo lo anterior, se agudizó la pobreza, así como la desigualdad de género, económica y social.

---

6. Organización Internacional del Trabajo, «Llamamiento mundial a la acción para una recuperación centrada en las personas de la crisis causada por la COVID-19 que sea inclusiva, sostenible y resiliente», octubre 2021.

Adicionalmente, en dicho documento precisaba que la crisis de Covid-19 afectó de forma desproporcionada a determinados grupos de población y a trabajadores de sectores específicos, en particular a:

• Las mujeres, quienes sufrieron pérdidas desproporcionadas de empleo e ingresos.

• Los jóvenes, quienes vieron interrumpidas la educación, la formación y el empleo.

• Las personas de la economía informal, quienes quedaron totalmente desprotegidas.

• Los trabajadores del sector turístico, los trabajadores del comercio minorista y los trabajadores de la industria manufacturera.

Como puede verse, la pandemia impactó sobremanera en el mundo del trabajo, siendo los trabajadores los más afectados. Ello trajo como consecuencia que las empresas volvieron a mirar a sus trabajadores, comenzado a preocuparse por temas como la importancia de la salud física y psicológica, el balance de vida, el cuidado de la familia, el buen manejo financiero, entre otros.

Esta visión mucho más integral y holística de la persona, la describe Gartner en un estudio en el que habla del «trato humano»[7]. En él sostienen que, en un entorno laboral transformado por la disrupción, las áreas de gestión de personas tienen el imperativo de reinventar su propuesta de valor al empleado para ofrecer un trato más humano que se centre en la persona en su totalidad, su experiencia de vida y en los sentimientos que genera dicho trato humano.

---

[7]. Gartner, «Reinventing the Employee Value Proposition: The Human Deal», agosto 29, 2022.

El estudio plantea una perspectiva diferente para gestionar a las personas, partiendo de tres premisas:

1. Los empleados son personas, no solo simples trabajadores; tienen familias, comunidades a las que pertenecen, intereses y pasatiempos.

2. El trabajo es un subconjunto de la vida, no está separado de ella. Esto en contraposición a la forma en que las organizaciones veían al trabajo y la vida: como partes separadas de la experiencia de una persona, lo cual ya no es válido en la medida que, hoy en día la vida laboral y la personal están muy integradas. Es imposible separar el trabajo de la vida porque el trabajo es parte de la vida, junto con la familia, los amigos, los pasatiempos y los intereses.

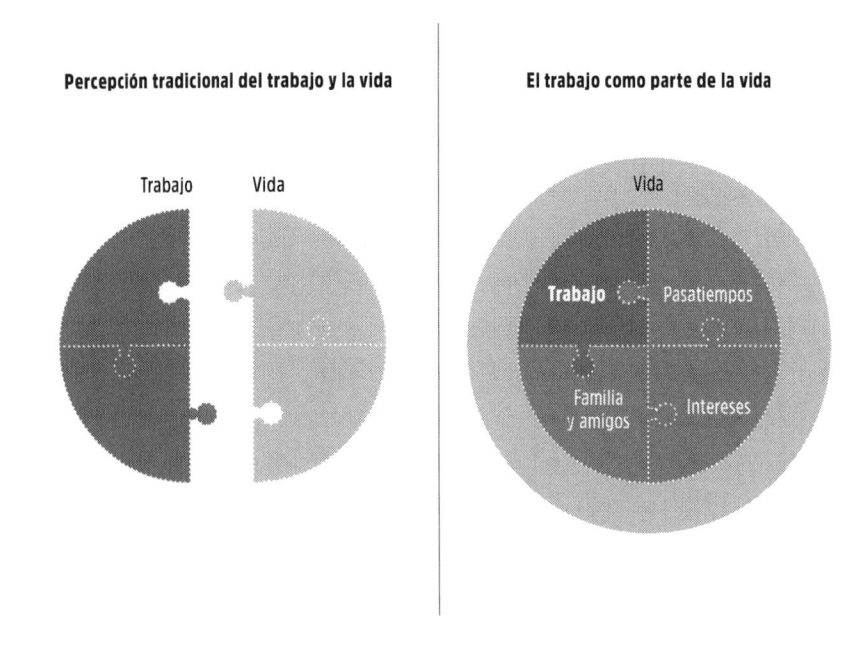

1. Representación del trabajo como subconjunto de la vida. Basado en un gráfico de Gartner en "Reinventing the Employee Value Proposition: The Human Deal". Agosto 29, 2022

3. El valor proviene de los sentimientos, no solo de los atributos de la compañía. Por ello es sumamente importante que las organizaciones dejen de asumir que para los trabajadores el valor está solo en los atributos, para centrarse en entender el sentimiento que estos les generan.

Estas premisas resultan fundamentales e indispensables en el actual mundo del trabajo, y deberían constituirse en la «piedra angular»[8] sobre la cual se construyen las relaciones en el trabajo y los procesos para gestionar a las personas.

Los grandes desafíos del nuevo mundo del trabajo

El mundo del trabajo postpandemia nos pone frente a cuatro grandes tendencias que surgieron o se agudizaron a raíz de ella, las mismas que deben ser encaradas poniendo a la persona por delante; de lo contrario, podrían ocasionar pérdida de oportunidades de negocio y ventajas competitivas, motivadas por demandas insatisfechas de talento alineado, comprometido y desarrollado. Estas tendencias son: el trabajo híbrido, la «gran renuncia», la «renuncia silenciosa» y la «gran ruptura».

Veamos a continuación algo de cada una de ellas:

1. El trabajo híbrido: Si algo quedó claro respecto del futuro del trabajo, luego de la pandemia y con la creciente digitalización, es que los trabajos se están reinventando y

---

8. El término «piedra angular» alude a la primera piedra en la construcción de los cimientos de una obra de albañilería, la cual es importante porque todas las otras piedras se establecerán en referencia a esta. Aquí lo uso para representar las premisas básicas sobre las cuales debe plantearse una teoría o una definición.

lo seguirán haciendo, y que las mismas reglas de juego no pueden regir para todas las posiciones y personas en la compañía.

Si bien es cierto, ya quedaron atrás los días en que, al estallar la pandemia, todas las empresas trasladaron a la casi totalidad de trabajadores del conocimiento[9] a entornos remotos virtualizando el día a día de las relaciones en el trabajo, lo cierto es que la tendencia ha sido mantener en cierta forma esta virtualización, combinándola con la presencialidad.

La consultora Gartner refiere, en su estudio *Rediseñando el trabajo para el mundo híbrido*[10] que, teniendo en cuenta que el 75% de los trabajadores del conocimiento híbridos o remotos coinciden en que sus expectativas de trabajar de manera flexible han aumentado, no hay duda de que el futuro es híbrido. Ni el diseño de trabajo prepandémico centrado en la oficina, que ahora está obsoleto, ni el diseño totalmente virtualizado que surgió en la pandemia, que agotó a los empleados, serán sostenibles en el nuevo entorno híbrido.

En este contexto, el gran desafío para las compañías será crear y/o diseñar nuevos modelos y esquemas de trabajo híbridos centrados en las personas, que incrementen el rendimiento y reduzcan la fatiga, y que cumplan, al menos con tres características:

---

9. Los «trabajadores del conocimiento», término acuñado por Peter Druker hace aproximadamente 60 años, para describir a aquellas personas que generan valor a las organizaciones utilizando su conocimiento para resolver problemas y para responder a las preguntas simples y complejas que surgen en el día a día del trabajo. En este libro lo uso para describir a todos aquellos empleados que trabajan en puestos staff o administrativos, no transaccionales ni operativos.

10. Gartner. «Redesigning Work for the Hybrid World». 02 de junio de 2021.

- Flexibilidad impulsada por los empleados
- Colaboración intencional
- Gestión basada en la empatía

2. La «gran renuncia»: Uno de los primeros efectos reportados de la pandemia, primero en Estados Unidos y luego en todo el mundo, fue un incremento sin precedentes en el número de renuncias voluntarias, fenómeno al que se le denominó *The Great Resignation*[11]. Según los autores Keith Ferrazi y Mike Clemente[12], este fenómeno fue como un despertar personal en el cual todos comenzamos a cuestionarnos el cómo y por qué trabajamos, vivimos y pensamos en nuestro futuro; todo ello alentado por dos hechos concretos:

- La situación de incertidumbre y temor vivida durante la pandemia, la cual llevó a muchas personas a reexaminar sus prioridades personales y profesionales.

- La posibilidad de desvincular los empleos de la geografía y del centro de trabajo, gracias al trabajo remoto.

Los autores mencionados citan en su artículo a Arianna Huffington, fundadora y directora ejecutiva de Thrive Global, una empresa de tecnología de cambio de comportamiento, quien afirmó lo siguiente: «La gente no solo está renunciando a sus trabajos, sino que está rechazando la idea de que el agotamiento es el precio que tienen que pagar por el éxito».

---

11. Algunos estudios sugieren que este fenómeno comenzó, incluso, algunos años antes de la pandemia; y que esta contribuyó sobremanera a incrementar el número de renuncias voluntarias.

12. Keith Ferrazzi and Mike Clementi, «The Great Resignation Stems from a Great Exploration», en Harvard Business Review, junio 2022.

Ranjay Gulati, en otro artículo de HBR[13], afirma que la pandemia nos llevó a ver nuestros trabajos desde una perspectiva diferente, para replantearnos temas que dábamos por ciertos hasta ese momento: «¿realmente me gusta la cultura de mi empleador?», «¿siento que me tratan con justicia y tengo las oportunidades de crecimiento que deseo?». Y, finalmente, «¿mi trabajo es tan significativo como me hubiese gustado?».

3. La «renuncia silenciosa»: El *Quiet Quitting*, término traducido al español como «Renuncia Silenciosa», no alude necesariamente a una intención de dejar la compañía; por el contrario, ratifica la decisión del empleado de permanecer en ella, pero poniendo un límite a las tareas que realiza; rechazando el trabajo excesivo, las largas jornadas laborales y la necesidad de destacarse ante su jefe trabajando más horas.

Como puede verse, esta no es una práctica nueva; toda vez que, desde siempre hemos conocido y visto casos de empleados que asumen esta actitud frente a situaciones como malos jefes, bajos salarios, carga excesiva de trabajo, falta de oportunidades o, simplemente, agotamiento.

Sin embargo, podríamos estar frente a tres situaciones particularmente complicadas para las compañías que son señaladas por los profesores Antonio C. Klotz y Marcos Bolino[14]:

a) Hoy en día, muchas compañías tienen una necesidad crítica y apremiante de que sus empleados estén dispuestos a ir más allá de sus tareas principales; esto teniendo en

---

13. Ranjay Gulati, «The Great Resignation or the Great Rethink?», en Harvard Business Review, marzo 2022.

14. Antonio C. Klotz & Marcos Bolino, «When Quiet Quitting Is Worse Than the Real Thing», en Harvard Business Review, setiembre 2022.

cuenta de que la mayoría de los puestos de trabajo no se pueden definir completamente en una descripción o contrato de trabajo formal. Por ello, es crucial para las organizaciones que sus empleados estén siempre dispuestos a dar un paso adelante para satisfacer las demandas adicionales que pudieran surgir.

b) Si bien es cierto, para las compañías es difícil perder empleados que renuncian voluntariamente, podría ser mucho más difícil aún tener que quedarse con empleados que no renuncian y que no están dispuestos a dar nada extra. Esto teniendo en cuenta que, su falta de voluntad para hacer un esfuerzo adicional repercutirá en una mayor carga de trabajo para sus colegas, quienes deberán asumir la carga extra.

c) Finalmente, surge un tema que muchas compañías, lamentablemente, eluden. En una organización saludable el esfuerzo extra de sus empleados y el ir más allá, debería estar ligado a beneficios como un mayor capital social, bienestar y éxito profesional. Si esto no ocurre y los empleados sienten que sus empleadores exigen esfuerzo adicional sin invertir lo suficiente a cambio, la reacción lógica será usar este mecanismo como protesta silenciosa.

El problema podría agravarse en contextos de crisis económicas o recesiones, en donde muchos empleados, a pesar de sentirse insatisfechos, optarían por mantenerse con sus empleadores por necesidad, pero adoptando la postura de hacer solo lo estrictamente necesario.

4. La «gran ruptura»: Es indudable que, en los últimos años, se han dado grandes avances en materia de facilidades que las compañías otorgan, sea por obligación legal o por iniciativa propia, a las trabajadoras que se convierten en madres; como ejemplo podríamos citar las licencias de maternidad extendidas, las salas de lactancia instaladas en los centros de trabajo o la posibilidad de algunas jornadas desde casa. Sin embargo, nada de esto ha frenado la tendencia, que se inició en la pandemia, de una deserción sin precedentes por parte de mujeres que abandonan sus empleos.

Lo que está pasando es que las mujeres, especialmente las que tienen niños pequeños, quieren pasar más tiempo con sus hijos y no están dispuestas a perderse la oportunidad de presenciar los hitos que van marcando su crecimiento. Ellas ya demostraron durante la pandemia que es posible hacer labores en casa y cuidar a los pequeños, al mismo tiempo que atienden las obligaciones del trabajo desde casa; cosa que muchas compañías se resisten a aceptar.

Lo cierto es que, a pesar de todos los esfuerzos para fomentar ambientes diversos, equitativos e inclusivos, aún hace falta un camino largo por recorrer. Ese camino se podría acelerar si se rompen cuatro mitos, actualmente existentes, que McKinsey detalla en su informe anual *Mujeres en el lugar de trabajo*[15]:

- **Primer mito: Las mujeres se están volviendo menos ambiciosas.** La realidad es que las mujeres son más ambiciosas ahora que antes de la pandemia; siendo la flexibilidad la que alimenta dicha ambición, porque les permite perseguir sus sueños y metas, las ayuda a permanecer en el trabajo y a sentirse menos fatigadas y agotadas. Por ello, muchas mujeres están optando por priorizar sus vidas personales, pero sin costo alguno para sus ambiciones, desafiando la noción obsoleta de que el trabajo y la vida son incompatibles y que uno se produce a expensas del otro.

---

15. McKinsey & Company, «Women in the Workplace 2023», octubre 5, 2023

- **Segundo mito: La mayor barrera para el avance de las mujeres es el 'techo de cristal'.** En realidad, el mayor obstáculo no es ese, sino algo que McKinsey describe como el «peldaño roto». Esto no es otra cosa que la imposibilidad de tener más mujeres en los niveles más altos debido a la disparidad de género en los ascensos iniciales, lo cual ocasiona que haya menos mujeres para ascender a puestos directivos superiores.

- **Tercer mito: Las microagresiones tienen poco impacto en las mujeres.** Esto es falso, porque las microagresiones son una forma de discriminación cotidiana que, la mayor parte de las veces, tiene su origen en prejuicios y se materializan en comentarios y acciones que degradan o desestiman a alguien por su género, raza u otros aspectos de su identidad. Señalan falta de respeto, causan estrés agudo y pueden afectar negativamente la carrera y la salud de las mujeres. Es por ello que quienes experimentan microagresiones tienen tres veces más probabilidades de pensar en dejar sus trabajos y cuatro veces más probabilidades de agotarse constantemente. Al no controlar las microagresiones, las empresas pierden todo lo que las mujeres tienen para ofrecer y corren el riesgo de perder empleadas talentosas.

- **Cuarto mito: Son en su mayoría mujeres las que quieren (y se benefician) del trabajo flexible.** Esto tampoco corresponde a la realidad, porque tanto los hombres como las mujeres ven a la flexibilidad como uno de los tres principales beneficios de los empleados y como fundamental para el éxito de su empresa. La flexibilidad se ha convertido en el segundo beneficio más valorado en el lugar de trabajo, según McKinsey; siendo las mujeres quienes más la aprecian, especialmente las que tienen niños pequeños. Sin embargo, el trabajo híbrido y remoto está brindando importantes beneficios a la mayoría de los empleados. La mayoría de personas señalan un mejor equilibrio entre la vida laboral y personal como uno de los principales beneficios del trabajo híbrido y remoto, y la mayoría cita menos fatiga y agotamiento como resultado. A pesar de ello, solo la mitad de los líderes de recursos humanos dicen que la productividad de los empleados es un beneficio principal de trabajar de forma remota.

Mis conclusiones

• La pandemia ejerció un impacto importante en el mundo de trabajo, al convertirse en un acelerador de los cambios y transformaciones que ya venían gestándose a raíz de la digitalización de las compañías

• El gran desafío de las transformaciones digitales es que se trata de transformaciones integrales de las compañías y sus modelos de negocio; y para gestionar adecuadamente dichos procesos de cambio hay que anteponer a las personas e ir transitando por una curva de aprendizaje que nos ayude a generar inversiones para seguir construyendo y desarrollando las capacidades organizacionales que las compañías requerirán para continuar siendo exitosas en el futuro.

• Es importante también tomar en cuenta criterios diferentes para gestionar a las personas, basados en las siguientes premisas: los empleados son personas, el trabajo es solo un subconjunto de la vida y el valor proviene de los sentimientos.

• Únicamente bajo esta nueva óptica podremos hacer frente a los grandes desafíos que han surgido en el mundo del trabajo:

- La flexibilidad y el trabajo híbrido.
- La «gran renuncia» y la escasez de talento.
- La «renuncia silenciosa» y la desmotivación en el trabajo.
- La «gran ruptura» o el empobrecimiento de las oportunidades para las mujeres.

EL CAPITAL INTELECTUAL

2

«El mayor reto de los gerentes del siglo XXI será cómo liderar las fuerzas intelectuales en sus organizaciones».

—Warren Bennis

Klaus Schwab[1], quien fue fundador y director ejecutivo del *World Economic Forum* [WEF], sostiene a lo largo de las páginas de su libro que el mundo del trabajo ha pasado por cuatro revoluciones: la primera, en 1784, que ocurrió cuando la máquina de vapor transformó la producción manual, convirtiéndola en mecánica; la segunda, en 1870, cuando irrumpe la electricidad para crear la producción en masa; la tercera, en 1969, cuando la electrónica y la tecnología de la información intervienen para automatizar la producción; y, finalmente, la cuarta, que estamos viviendo desde finales del siglo XX, caracte-

---
1. Schwab, K., The Fourth Industrial Revolution, World Economic Forum, Ginebra, 2016.

rizada por la integración de la tecnología digital, la biología y el mundo físico, que ha dado origen a la inteligencia artificial, la robótica, la Internet de las cosas, la nanotecnología, la ingeniería biomédica, los vehículos autónomos, entre otros.

En ese entorno, el mundo de las relaciones humanas en el trabajo ya no puede ser el mismo que hace décadas, dado que los procesos productivos también se han transformado. Adicionalmente, han aparecido nuevos requerimientos en el ciclo de toda compañía: digitalización, innovación, entendimiento profundo del cliente y el mercado, creación de relaciones de valor duraderas con los clientes y/o consumidores, entre otros.

Ante este escenario, surge la necesidad de adentrarnos en el concepto de *Capital Intelectual*; el mismo que no está identificado en los balances ni en los estados de ganancia y pérdida de la empresa, pero que constituye la fuente principal de futuros beneficios económicos.

El *Capital Intelectual* es un tópico que comenzó introduciéndose en la filosofía de las empresas dedicadas a la innovación y a los servicios intensivos en conocimiento. En la década de los 90, empresas como Skandia, Dow Chemicals y el Canadian Imperial Bank, lo comenzaron a utilizar para referirse a los activos intangibles, que no pueden ser medidos por las herramientas contables, pero que agregaban un valor inmenso a las compañías.[2]

Visto así, el *Capital Intelectual* marca la diferencia entre el valor de mercado y el valor contable de una empresa, el cual está representado por los activos intangibles de la

---

2. Bontis, N., Dragonetti, N.C., Jacobsen, K., Roogs, G., «The knowledge toolbox: a review of tools available to measure and manage intangible resources», European Management Journal, 17, 1999.

organización, los cuales se localizan en las personas o se obtienen a partir de los procesos, sistemas y cultura organizacional.

En consecuencia, el *Capital Intelectual* podría no verse reflejado en los estados contables y financieros tradicionales, pero, definitivamente, contribuye a la creación de valor en una organización.

VALOR DE MERCADO

Valor financiero

Capital intelectual

EL VALOR DEL NEGOCIO NO RESIDE SÓLO EN EL VALOR DE LOS LIBROS

2. Representación del impacto del Capital Intelectual en el valor de una compañía (elaboración propia)

La estructura del Capital Intelectual

El *Modelo Intellectus*, diseñado en el año 2002 por el Instituto Universitario de Investigación en Administración del Conocimiento e Innovación de Empresas (IADE) de la Universidad Autónoma de Madrid, es el que nos puede permitir adentrarnos de mejor manera en el concepto de *Capital Intelectual*.

Dicho modelo comienza diciéndonos que el *Capital Intelectual* es el resultado de tres componentes[3]:

1. El Capital Humano: El cual es creado por las personas que conforman la organización y está compuesto por los conocimientos, destrezas, habilidades, valores y actitudes que las personas van adquiriendo a lo largo de su vida, bien sea por medio de estudios formales, como las escuelas o universidades, o por conocimientos informales, aquellos que son adquiridos a través de la experiencia. Este *capital* es propiedad de cada trabajador; tanto así que, si la persona se retira de la compañía, se llevará todo ese conocimiento consigo. Constituye la piedra angular de los otros *capitales* y la organización debe hacer todo lo posible por conservarlo.

2. El Capital Estructura u Organizacional: Es el valor del conocimiento creado en la organización, el cual está determinado por la cultura, normas, procesos; y formado por las bases de datos, las patentes, las marcas, los métodos, la estructura organizativa, procedimientos de trabajo, modelos, manuales, sistemas de dirección y gestión. Este capital

---

3. Bueno, E., Salmador, M. y Merino, C., Génesis, concepto y desarrollo del capital intelectual en la economía del conocimiento: Una reflexión sobre el Modelo Intellectus y sus aplicaciones. En Estudios de Economía Aplicada, 26-2, 2008. Recuperado de: https://www.redalyc.org/pdf/301/30113187003.pdf

se queda en la organización cuando alguno de sus miembros se va, porque es propiedad de la compañía; incluso, algunos de ellos pueden protegerse legalmente, como es el caso de las marcas comerciales, patentes y secretos industriales. Está compuesto, a su vez, por dos subconjuntos:

>**a. El Capital Organizativo**, asociado al ámbito estructural de los diseños, procesos y cultura.

>**b. El Capital Tecnológico**, vinculado con el esfuerzo en Investigación y Desarrollo (I+D), el uso de la dotación tecnológica y los resultados de la citada I+D.

3. El Capital Relacional. Surge de las relaciones y del intercambio de información de la organización con sus *stakeholders* o públicos de interés. Incluye la cartera de clientes, accionistas y proveedores, los acuerdos de cooperación y alianzas estratégicas, tecnológicas, de producción y comerciales; también engloba a las marcas y a la imagen y reputación de la compañía. Está compuesto por dos subconjuntos:

>**a. El Capital Relacional de Negocio**, en el que se agrupan los flujos de información y conocimiento de carácter externo ligados al negocio (proveedores, clientes, usuarios y consumidores).

>**b. El Capital Relacional Social**, cuyo encuadre se aproxima al marco de relaciones fuera del ámbito del negocio (compromiso social, imagen pública, reputación, prestigio, acción social).

VISIBLE

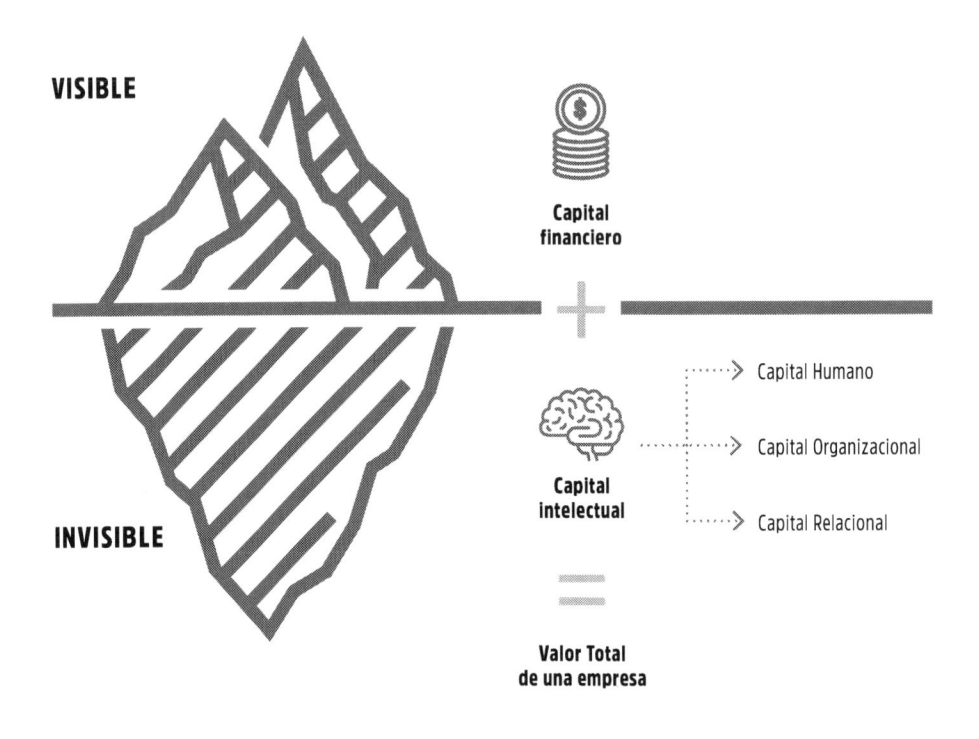

INVISIBLE

Capital financiero

+

Capital intelectual
- ·····> Capital Humano
- ·····> Capital Organizacional
- ·····> Capital Relacional

=

Valor Total de una empresa

3. Dificultad para visualizar al Capital Intelectual (elaboración propia)

Cuando las compañías gestionan sus recursos utilizando esta perspectiva, encuentran que uno de sus principales desafíos radica en convertir el conocimiento tácito en conocimiento explícito. El conocimiento tácito es todo aquel que es propiedad de cada individuo y que no está disponible para otros, es decir, no es palpable ni distribuible. Mientras que el conocimiento explícito es todo aquel que puede ser representado y expresado mediante símbolos (palabras, gráficas, flujos, etc.), por lo que es físicamente transmisible y puede estar a disposición de otros individuos.

Entonces, el reto para las áreas de *Capital Humano* está en lograr masificar este conocimiento tácito para lo cual se debe poner a disposición de los trabajadores los procesos necesarios para tal fin.

Por otro lado, el hecho de transformar el conocimiento tácito a explícito solo es el primer paso para construir un modelo de gestión del *Capital Intelectual*, el cual está llamado a convertirse en un «círculo virtuoso» que haga posible la permanente generación de valor en una compañía.

Visto así, el gran desafío que nos plantea este modelo de gestión es ir más allá de lo que tradicionalmente se plantean los procesos tradicionales de gestión; en los cuales el principal objetivo radica en poner a disposición de la organización el conocimiento necesario para llevar a cabo con éxito los procesos claves del negocio, a través del diseño de programas de capacitación y de mejora del desempeño.

Si queremos que el *Capital Intelectual* contribuya permanentemente a la generación de valor, necesitamos una perspectiva que esté por encima de los procesos tradicionales de gestión humana, como gestión del aprendizaje y del desempeño, por mencionar solo dos de los más utilizados en las compañías. Esto implica dejar de considerar a estos, y a todos los procesos de gestión humana, como un fin en sí mismos y como un objetivo a cumplir dentro del ciclo anual.

Desde la perspectiva del *Capital Intelectual*, los procesos de gestión de personas no constituyen un fin en sí mismos, sino que deben ser vistos como medios o caminos para hacer posible el logro de las metas u objetivos más relevantes de una compañía. Entonces, el desafío para las áreas de gestión humana es ir más allá de simples indicadores de cumplimiento de sus procesos, utilizando la analítica de los datos para comenzar a demostrar la contribución del Capital Humano al éxito del negocio.

Bajo la perspectiva del *Capital Intelectual*, el verdadero fin y objetivo supremo, radica en que todo el conocimiento explícito disponible sea utilizado por la organización e interiorizado por los trabajadores para aplicarse de manera constante en su día a día. Es decir, volver a convertir el conocimiento explícito en tácito, lo cual nos lleva a una mejora continua en un círculo virtuoso que inicia repetidamente con el conocimiento tácito, pero mejorado.

Lo valioso de este enfoque es que nos hace ver más allá de las posturas tradicionales de gestión de personas, para adoptar un enfoque que enriquezca los procesos y dé los resultados clave del negocio, a través de la mejora continua y la innovación, haciendo posible la generación permanente de valor.

El gran desafío para las áreas de gestión humana, bajo este enfoque, radica en la necesidad de convertirse en gestoras del *Capital Intelectual*. Para ello, deberán asumir un rol no delegable, enfocando todos sus esfuerzos y capacidad de influencia para garantizar que se cumplan las tres etapas que harán posible que el *Capital Intelectual* genere valor permanentemente:

- **Etapa 1:** El punto de partida es el llamado «conocimiento tácito», término que define al conocimiento que posee el Capital Humano, obtenido del aprendizaje y/o de la experiencia. El desafío implica masificar este conocimiento tácito a fin de que el Capital Humano se enriquezca con nuevos conocimientos, los cuales harán posible que su desempeño y contribución al negocio estén siempre un paso adelante respecto de lo esperado.

• **Etapa 2:** Una vez que el conocimiento tácito se ha multiplicado, enriqueciendo a todo el Capital Humano, el siguiente desafío es asegurarse de que todo ese conocimiento sea utilizado para satisfacer las demandas y necesidades del Capital Relacional. En esta segunda etapa, en consecuencia, el *Capital Intelectual* va más allá del aprendizaje y usa el conocimiento adquirido para satisfacer y/o beneficiar a los diferentes públicos de interés de la compañía (clientes, consumidores, proveedores, comunidad, entre otros).

• **Etapa 3:** Constituye el punto máximo de generación de valor y se alcanza cuando se cumplen dos realidades. La primera se hace patente cuando el conocimiento adquirido a través del Capital Organizacional y usado para beneficio del Capital Relacional, es interiorizado y se incorpora de forma permanente a los procesos y prácticas de la compañía. La segunda, se evidencia cuando ese conocimiento mejorado y potenciado se usa para la innovación, haciendo posibles mejoras disruptivas en los procesos o la implementación de soluciones creativas a problemas existentes.

Finalizar la tercera etapa, no debería significar que el proceso de gestión del Capital Intelectual concluyó; antes bien, debe representar un nuevo punto de partida que permita repetir permanentemente el proceso, pasando por las tres etapas mencionadas. De esta forma, el objetivo principal para las áreas de gestión humana será incorporar este modelo de gestión a la cultura de la compañía; yendo más allá de la definición de políticas y procedimientos que aseguren su cumplimiento, para asegurarse de que este modelo cale profundamente en las creencias y formas de hacer las cosas de todos sus trabajadores.

CAPITAL HUMANO

Todo aquello que la persona sabe y pone en práctica en su día a día en la empresa

Innovación en tecnologías

CAPITAL ORGANIZACIONAL

Hace posible el flujo del conocimiento en la empresa (modelos, procesos, sistemas de gestión y de información)

Oportunidades de negocios

CAPITAL RELACIONAL

Relaciones con clientes, consumidores, proveedores y con la sociedad. Marcas, identidad e imagen de la compañía

Aprendizaje permanente

4. Modelo de Gestión de Capital Intelectual (elaboración propia)

Así, este proceso se repetirá día a día en todas las áreas y equipos de la compañía, contribuyendo a la permanente generación de valor.

La contribución del Capital Humano

Visualizar al Capital Humano como componente fundamental del Capital Intelectual, nos permite adoptar una óptica más holística con respecto al rol de las áreas de gestión de personas, el cual debe tener como puntos de partida y de llegada, el propósito y la estrategia del negocio. De esta forma será posible encontrar diversos criterios y formas para medir la contribución del Capital Humano al plan y resultados de la compañía.

En este punto vale la pena, para quienes laboramos en las áreas de gestión humana, comprender el alcance real del término «Capital Humano» para incorporarlo a la definición de nuestros modelos de gestión, así como a los resultados esperados de nuestros procesos y prácticas.

Investigando en los orígenes de esta denominación, encontramos que uno de los primeros estudiosos que introduce el concepto de *Capital Humano* (*Human Capital*) fue el Nobel de Economía Theodore Schultz, quien, en su obra publicada en 1981[4], *Investing in People: The Economics of Population Quality*, sustentaba la denominación de capital sobre la base de que es fuente de ganancias futuras o de futuras satisfacciones o de ambas; y la de *humano*, porque está implícitamente relacionado con la naturaleza humana. Al mismo tiempo hizo un deslinde con el término *Recursos Humanos*, sosteniendo que los recursos son un factor económico pasivo, pero en el caso de los seres humanos estos recursos están condicionados por los atributos, habilidades, y preferencias de cada persona, situándolos en un mayor nivel de ambigüedad.

---

[4]. Schultz, Theodore, «Investing in People: The Economics of Population Quality Investing in People», California: Univ of California Pr, 1981.

Entonces, si hablamos de *Capital Humano* deberíamos verlo **no como un gasto**, que es como se muestra generalmente en los libros contables, **sino como una inversión** que esperamos que se vea reflejada en la mejora de indicadores, como productividad y rentabilidad, entre otros.

Jac Fitz-enz fue quien contribuyó a ver de esa manera al *Capital Humano*. Él fue el fundador del *Saratoga Institute* y reconocido como el padre del análisis y medición estratégica del *Capital Humano*. En 2009 planteó en su libro *ROI of Human Capital: Measuring the Economic Value of Employee Performance*[5], que los estados financieros de las empresas no pueden ser la única forma de medir los ingresos por empleado, toda vez que hace falta distinguir entre los efectos del esfuerzo humano en oposición al apalancamiento generado por otros activos.

Es así como el mencionado Instituto define la fórmula para calcular el *Valor Añadido del Capital Humano* (VACH) de la siguiente manera:

VACH= (EBIT - Costes totales de personal) / EFT

Donde el EBIT es la abreviatura de *Earnings before interest and taxes*, es decir las ganancias o las utilidades antes de Intereses e Impuestos. Esta es una medida de rentabilidad que calcula los beneficios de operación de una empresa, restando el costo de los bienes vendidos y los gastos de operación de los ingresos totales.

Las siglas FTE (*Full-Time Equivalent*) representan la unidad para medir personas empleadas en una empresa de forma tal que los hace comparables. Este indicador nos da

---

5. Fitz-Enz, Jac, «ROI of Human Capital: Measuring the Economic Value of Employee Performance», Amacon, 2009.

el número de trabajadores a tiempo completo que proporcionarían los mismos servicios en un período de tiempo igual (día, semana, mes, año). La unidad se obtiene comparando el promedio de horas trabajadas de un trabajador con el promedio de horas trabajadas de un trabajador de tiempo completo; esto quiere decir que excluye a las personas que trabajan en regímenes *part-time* o que no forman parte de la nómina (*subcontratados, externalizados o tercerizados*).

El resultado de esta fórmula debería indicarnos en qué grado los trabajadores están contribuyendo real y efectivamente con los resultados de la empresa. No importa en el área que trabajen y la posición que ocupen; bajo el criterio de Capital Humano, todos los trabajadores de una compañía deberían poder demostrar el valor que están agregando al negocio.

Es importante hacer notar que, para hacer comparaciones utilizando este criterio, necesitamos tener el resultado de varios años, con la finalidad de poder ver su evolución en el tiempo para comprobar que el valor se va incrementando progresivamente.

Mis conclusiones

• El *Modelo Intellectus* nos ayuda a comprender el concepto e importancia del Capital Intelectual, como punto de partida para adentrarnos, luego, en el concepto de Capital Humano.

• Según dicho modelo, son tres los componentes del *Capital Intelectual*: el Capital Humano, el Capital Estructural y el Capital Relacional.

- El **Capital Humano** es aquello que traen las personas a la compañía y que es propiedad de ellas; como tal, constituye el conocimiento tácito. Para generar valor, hace falta convertir ese conocimiento tácito en conocimiento explícito, y ese es el reto para las áreas de Recursos Humanos: masificar este conocimiento tácito.

- La **generación de valor** en una compañía se da en tres etapas:
  - La primera es cuando el **conocimiento tácito**, propiedad del Capital Humano, es masificado mediante una correcta tecnología y estructura organizacional, convirtiéndose en **Capital Estructural**.
  - La segunda ocurre cuando todo este conocimiento masificado tiene como objetivo satisfacer las necesidades del **Capital Relacional**.
  - Finalmente, en la tercera etapa, el conocimiento adquirido a través del Capital Estructural y Relacional se convierte en **parte del día a día**.

- El término *Capital Humano* implica que las personas pueden ser fuente de ganancias futuras, de futuras satisfacciones o de ambas. Bajo esa perspectiva, las personas deberían dejar de ser vistas como recursos que generan costos y pasar a ser consideradas como Capital Humano que genera valor.

DESARROLLAR AL CAPITAL HUMANO 3

«No contratamos a personas inteligentes para decirles lo que tienen que hacer. Contratamos a personas inteligentes para que nos digan lo que hay que hacer».

—Steve Jobs

Bajo la óptica del Capital Humano, cuando una compañía contrata a una persona, lo hace para beneficiarse de un conjunto de nuevas capacidades, las cuales son el fruto de conocimientos adquiridos en diferentes experiencias de aprendizaje, así como de la experiencia acumulada a través de su paso por otras compañías o en anteriores emprendimientos. Ello trae como resultado que la compañía contratante se beneficie de la inversión en Capital Humano, que antes hizo el propio trabajador o las empresas donde trabajó.

Si partimos de la premisa que el Capital Humano es el recurso más importante para cualquier compañía, entonces debería estar muy clara la necesidad de priorizar la inversión para hacerlo crecer permanentemente, a través del desarrollo de nuevos conocimientos y experiencias; toda vez que el riesgo de no invertir en este Capital, podría costarle muy caro a una compañía, traduciéndose en pérdida de talento y, junto con ello, pérdida de capacidades organizacionales y hasta de ventajas competitivas.

Capitalizando el valor de la Experiencia

Antes de la vida laboral, el desarrollo del Capital Humano se da, fundamentalmente, en el hogar y en la escuela. Pero, una vez iniciada esta, ese desarrollo se traslada a un nuevo escenario compartido: el de la compañía y el del propio empleado.

A la compañía le toca invertir para desarrollarlo, sea a través de experiencias de aprendizaje o mediante experiencias laborales. Al empleado le toca mantenerse permanentemente actualizado y atento a oportunidades de desarrollo, que lo ayuden a crecer como profesional y persona.

Las experiencias de aprendizaje se basan, especialmente, en las capacitaciones o entrenamientos que proporciona la compañía, ya sea individual o colectivamente, en determinados momentos de la trayectoria laboral del empleado. Sin embargo, estas experiencias se ven complementadas en el día por otra clase de experiencias de desarrollo, algunas menos formales, pero que también impactan en la formación y el crecimiento profesional del Capital Humano. Algunos ejemplos de estas experiencias complementarias podrían ser: las conversaciones uno a uno con el jefe inmediato, la participación en proyectos, las interacciones con otros equipos de trabajo, algún proceso de negociación complejo, entre muchos otros.

Uno de los principales hallazgos de la investigación de McKinsey titulada *El Capital Humano en el Trabajo. El Valor de la Experiencia*[1], se refiere a que el valor del Capital Humano representa aproximadamente 2/3 de la riqueza total de un individuo, mientras que las habilidades adquiridas o implementadas a través de la experiencia laboral aportan un promedio del 46% de este valor durante una vida laboral típica.

En dicha investigación, también encontraron que los movimientos de gente son una característica inherente de los mercados laborales, ya que una persona promedio cambia de rol cada dos o cuatro años, dentro de su empresa o con otro empleador, lo que contribuye a seguir desarrollando habilidades a través de la experiencia laboral.

Un hallazgo significativo de este estudio está relacionado con el hecho de que más del 80% de los cambios de roles involucraron a alguien que se fue de una empresa a otra versus los que fueron promovidos a roles más altos en sus mismas organizaciones. Esto es consecuencia de que muchos empleadores carecen de rutas de desarrollo adecuadas para que la mayoría de las personas de su organización siga creciendo y reinventándose, ya que no todas las empresas sobresalen desarrollando personas.

Todo ello plantea varios desafíos a las compañías que aspiran a convertirse en desarrolladoras de su Capital Humano. El primero de ellos tiene que ver con la necesidad de cambiar la perspectiva para atraer y reclutar talento; toda vez que en la nueva realidad, el enfoque debería dejar de ser el de perfiles de puesto, para pasar a concentrar-

---

1. McKinsey Global Institute & McKinsey's People & Organizational Performance Practice, «Human Capital at Work, The Value of Experience», junio 2022.

se en buscar talento con las habilidades necesarias para la compañía en el contexto actual y futuro. Abordaremos este tema con mayor profundidad más adelante.

Junto con ello, será necesario redoblar los esfuerzos para tratar de fidelizar, no solo retener[2], al mejor talento, incrementando la motivación y el compromiso, así como monitoreando y mejorando la experiencia del empleado.

Pero también, al mismo tiempo, será necesario poner pie a tierra y aceptar que será imposible retener al 100% de las personas talentosas; por lo que, si un empleado talentoso decide irse atendiendo a una mejor oferta de trabajo, habrá que celebrar con él y «dejar la puerta abierta» para que pueda volver en el futuro, con nuevos conocimientos, habilidades y experiencias.

El aprendizaje como experiencia

La pandemia del Covid-19 trajo muchos cambios a nuestras vidas. Uno de los más relevantes está relacionado con el incremento de la utilización de canales digitales para muchas transacciones que antes se llevaban a cabo presencialmente; lo cual significó un cambio radical en nuestros hábitos y la consecuente masificación de la tecnología.

Según datos del *Digital 2022: Global Overview Report*[3], realizado por *We are Social y Hootsuite*, hoy en día los

---

2. Prefiero usar el término «fidelizar» en lugar de «retener», porque este último podría significar forzar o dar más valor a un incentivo externo (dinero, promesa de capacitación u otro); en cambio, «Fidelizar» lleva la decisión al trabajador mismo, quien decide motu proprio permanecer en la compañía porque se siente bien, porque siente que es valorado y que se van cumpliendo sus aspiraciones. Al talento se le debe «fidelizar» y no solo «retener».

3. We are Social and Hootsuite, «Digital 2022: Global Overview Report, The Essential Guide to the World's connected Behaviors».

usuarios pasan una media de 7 horas al día en Internet y algo menos de 3, específicamente en redes sociales; con lo cual, el número de usuarios de dichas redes equivale a un aproximado del 58% de la población total del mundo.

Asimismo, se han experimentado cambios notables en la forma en que consumimos contenido. El mencionado estudio refiere que, cada semana, el 91,9% de usuarios ven algún tipo de contenido de video cada semana en alguna plataforma de *streaming*, mientras que el 39,6% escucha música a través de dichas plataformas.

Esto ha llevado a que el usuario sea el verdadero protagonista al recibir recomendaciones de contenido personalizadas que generan nuevas pautas de consumo de contenidos a la carta disponibles en cualquier momento y lugar.

Esta realidad también se hace patente en el mundo del Capital Humano, al ponernos frente al reto de utilizar la tecnología para generar oportunas y renovadas experiencias de aprendizaje que involucren a la totalidad de sus trabajadores, asegurando el continuo desarrollo de las capacidades y habilidades requeridas, así como de las que se necesitarán en el futuro.

Gracias a esto, las compañías tienen la gran oportunidad de llevar a cabo una verdadera «democratización» del aprendizaje, valiéndose de la tecnología para ponerlo a disposición de todos los trabajadores, en cualquier momento y lugar. Ello, sin embargo, implica ir más allá de gestionar las plataformas digitales de entrenamiento, toda vez que será necesario repensar las bases sobre las que construimos nuestros procesos de gestión del conocimiento.

El primer desafío radica en conocer y entender los motivos que llevan a un empleado a buscar nuevos conocimientos. Al respecto, una investigación global, conducida en enero 2023 por Sapio Research y Degreed[4], encontró que el principal motivador para el aprendizaje es la necesidad de desempeñarse mejor en el trabajo (43%), seguido de la necesidad de cumplir con los requisitos de la posición (19%) y de prepararse para el siguiente rol de su carrera profesional (17%); priorizando dichas motivaciones sobre sus objetivos y curiosidades profesionales o personales.

Lo que esto nos dice es que el desempeño viene siendo el principal motivador, lo cual habla de que los empleados están realmente comprometidos o aspiran a estar más comprometidos con su trabajo y con la compañía. Siendo así, el principal desafío para las compañías será el establecer vinculaciones reales entre el aprendizaje y las oportunidades de crecimiento y desarrollo; así como buscar medir el impacto que la gestión del conocimiento tiene en indicadores como retención, productividad, seguridad y rentabilidad.

El siguiente paso será asegurarnos que el aprendizaje cubra las necesidades críticas de nuevo conocimiento a través de los programas de formación, el aprendizaje en el día a día y el permanente desarrollo de habilidades. Para ello será necesario que el aprendizaje adopte muchas formas, porque las personas aprenden de diferentes maneras y también retienen información de diversos modos.

Al respecto, el referido estudio encontró que no hay una forma preferida de aprendizaje, sea frente a una necesidad inmediata o una actividad de largo plazo. Cuando se pregunta por los métodos favoritos para aprender con mayor rapidez, las preferencias se distribuyen entre aprender rápidamente viendo videos (32%), aprender de colegas y

---

4. Degreed, «How the Workforce Learns. Four Keys to Business Impact», 2023. En: https://get.degreed.com/how-the-workforce-learns-four-keys-business-impact

compañeros (32%), asistir a clases presenciales (28%), participar en *webinars* o clases virtuales (25%), usar la plataforma de aprendizaje electrónico de la organización (21%), leer artículos o publicaciones online (20%), usar aplicaciones móviles de aprendizaje (20%) y leer libros o publicaciones impresas (19%).

Lo que se puede ver es que no hay una clara preferencia por algún método, por lo que las compañías necesitan poner a disposición de su Capital Humano diversas formas para aprender. Para ello el estudio mencionado nos recomienda la necesidad de identificar, en primer lugar, las necesidades críticas de aprendizaje, incluida la capacitación básica (como la incorporación y el cumplimiento), el aprendizaje cotidiano (como el desarrollo de habilidades duras y blandas) y el desarrollo de habilidades específicas (como la mejora o el reciclaje de habilidades para nuevas oportunidades). Entendiendo estas necesidades se podrá definir la mejor estrategia de aprendizaje a través de un sistema multiplataforma

Finalmente, emerge un hecho que vino a trastocar la forma como aprendemos. Con la irrupción de la capacitación digital, la experiencia de aprender en grupo en sesiones presenciales fue quedando progresivamente relegada, restándole el elemento social a la capacitación, que ayudaba a compartir y a enriquecer el aprendizaje. Sin embargo, es claro que la interacción social y la camaradería impulsan el proceso de aprendizaje.

El estudio de Degreed nos reafirma la preferencia de los empleados por la colaboración, la cual supera ampliamente a la opción de aprender solos. Respondiendo a la pregunta «¿cómo prefieres aprender en el trabajo?», solo un 25% opta por el aprendizaje individual en comparación a un abrumador 75% que prefiere el aprendizaje grupal o con la participación de otras personas: 23% en un grupo pequeño, 19% con un colega y compañero, 10% a través de su jefe directo, 9% con un tutor o asesor interno, 8% en un grupo grande y 6% con un tutor o asesor externo.

De esto podemos deducir que el gran reto para las compañías es fomentar el aprendizaje social, el cual no supone necesariamente interacción física, toda vez que muchas plataformas de aprendizaje pueden combinar experiencias de aprendizaje autoadministrado con experiencias colaborativas.

Se trata, entonces, de hacer que dichas interacciones se conviertan en memorables cuando ocurran, porque se privilegia la proximidad emocional antes que la física. Esto es lo que Gartner describe en su informe *La Cultura en un Mundo Híbrido*[5]: Mientras que la proximidad física es estar en el mismo espacio físico que otro individuo, es decir, el equivalente a **ser visto**; la proximidad emocional es sentirse valorado y ser importante para los demás, vale decir, **sentirse visto**.

Aunque aún es difícil separar ambos tipos de proximidades, el desafío es crear una proximidad emocional sin depender únicamente de la proximidad física. Y eso se puede conseguir formando comunidades de aprendizaje, en donde los miembros comparten objetivos comunes de aprendizaje y se reúnen con cierta frecuencia para compartir conocimiento, comentando lo que cada uno aprendió luego de haber participado de experiencias de capacitación comunes o personales, y proponiendo formas de aplicarlo en el trabajo diario.

Finalmente, el tan conocido modelo 70-20-10 puede ser utilizado con éxito para combinar las proximidades física y emocional. Si tenemos en cuenta que, de acuerdo con este

---

5. Gartner, Culture in a Hybrid Work, 2022.

modelo, solo un 10% del aprendizaje tiene lugar durante la capacitación formal (presencial o remota, síncrona o asíncrona), el complemento debería darse a través de tutorías, mentorías y *coaching* (20%), priorizando el aprendizaje por experiencia en el puesto o lugar de trabajo (70%).

Centrarse en las habilidades

Desde los orígenes de la función de gestión de personas, el criterio base para tomar decisiones respecto del Capital Humano estuvo constituido por los títulos y los perfiles para los puestos. Esto era porque ambos eran elemento clave para iniciar una búsqueda en el mercado, decidirse por una contratación, asignar un grado o nivel salarial, entre otras muchas acciones.

El *Estudio de Tendencias Globales de Capital Humano 2023 de Deloitte*[6] encontró que solo un 19% de directivos y solo un 23% de trabajadores opinaban que la mejor forma de estructurar el trabajo es a través de puestos de trabajo. Eso está trayendo como consecuencia que las organizaciones estén comenzando a basar sus decisiones sobre el trabajo y la fuerza laboral en las habilidades, y no en definiciones formales de puestos de trabajo, títulos o grados.

El estudio de Deloitte encontró las razones que están impulsando este nuevo enfoque:

- La desmedida presión sobre el desempeño que tienen las compañías, motivada por la necesidad de incrementar la productividad y la innovación, así como en el tiempo que se pierde al tratar de ajustar las descripciones de puestos para adaptarlas a los cambios cada vez más frecuentes en las funciones y procesos.

6. Deloitte Insights. «Nuevos Fundamentos para un Mundo sin Fronteras. Tendencias Globales de Capital Humano 2023».

- La imperativa necesidad de agilidad; considerando que la mayoría de los proyectos en los que están inmersos muchos empleados están fuera de sus actuales descripciones de puestos y esto requiere redistribuir tareas, en forma rápida, tomando en consideración criterios de habilidades disponibles.

- La cada vez creciente dificultad para encontrar a los mejores talentos para cubrir necesidades específicas de capacidades; teniendo en cuenta que esta, muchas veces, se origina por las limitaciones que imponen los descriptivos de puestos, así como los perfiles profesionales de los candidatos, que impiden ver habilidades requeridas que pueden estar presentes en los actuales empleados.

- La necesidad de dar más importancia a resultados equitativos, así como de democratizar el acceso a las oportunidades; para lo cual, enfocarse en las habilidades ayuda mucho más que los enfoques tradicionales en antigüedad, antecedentes laborales o red de contactos.

El adoptar un enfoque basado en habilidades está ayudando a muchas compañías a mejorar la cantidad y calidad de solicitantes de empleo y candidatos para sus procesos de selección. Asimismo, les está permitiendo ser más efectivos en sus esfuerzos para fidelizar al talento, gracias a que los trabajadores pueden encontrar más oportunidades para crecer y desarrollarse al interior de la organización.

Este enfoque en las habilidades antes que en los perfiles o en las funciones que ocupan a los empleados, debería permear a todos los procesos con los que se gestiona al Capital Humano en las compañías; de esta forma se podría gestionar el talento con una mirada más allá de las posiciones que ocupan, permitiendo que afloren habilidades que los empleados no han podido demostrar y están a la espera de ser puestas en acción.

Y esto hace total sentido en momentos en que todas las compañías necesitan conocer las habilidades que requerirán en un futuro mediato para seguir siendo exitosas en el mercado. Al respecto, la investigación de Gartner *Cómo comenzar a construir una organización basada en habilidades*[7] encontró que la cantidad total de habilidades requeridas para un solo trabajo en TI, finanzas o ventas en las organizaciones S&P 100 está aumentando en un 6,3% año tras año desde 2018, y casi una de cada tres habilidades requeridas para trabajar en 2018 ya no fueron necesarias en 2022.

El mantenerse al día con las necesidades de nuevas habilidades implica, para los administradores de Capital Humano, estar en permanente contacto con los responsables de las funciones clave de las organizaciones para detectar brechas en las habilidades a medida que se despliega la estrategia y el plan de negocio. Con ello estarán en capacidad de poner en marcha rápidamente soluciones de talento adecuadas para responder a esa necesidad, ofreciendo experiencias de aprendizaje, contratar gente con nuevas habilidades o, incluso, rediseñar la fuerza laboral.

Priorizar las habilidades, por encima de los roles, en las decisiones de talento, comienza por aprender a desglosar los roles en sus habilidades componentes. Asimismo, será necesario que las áreas de Capital Humano dejen de ver que la gestión de talento basada en habilidades es una tarea únicamente de ellos; sino que deben compartir, con

---

7. Gartner. «How to Start Building a Skills-Based Organization». Marzo 27, 2023.

todos los líderes de la compañía, como parte interesada, la responsabilidad de identificar y abordar las necesidades de habilidades.

En el informe mencionado, Gartner sostiene que, hoy en día, cuando los líderes de recursos humanos intentan recopilar datos de habilidades, a menudo se obsesionan con tratar de llegar al 100% de acuerdo sobre las definiciones de habilidades o de crear una taxonomía perfecta para organizar las habilidades que necesitan sus empleados. Y en ese afán, lo que generalmente consiguen es ralentizar o, incluso, detener la recopilación de datos por completo.

Para evitar que eso pase, recomiendan comenzar a recopilar habilidades dinámicamente, comenzando con una taxonomía de habilidades imperfecta y centrándose en brindar datos de habilidades «suficientemente buenos», no necesariamente perfectos. Y esto porque, el riesgo de buscar la perfección podría ocasionar que cuando se llegue a ese estatus, los datos recolectados ya estén desactualizados y sean obsoletos.

El estudio de McKinsey titulado *Adoptar un enfoque basado en Habilidades para construir la Fuerza Laboral del Futuro*[8] reafirma que el moverse a este enfoque podría ayudar a las compañías a:

1) Atraer y mantener un grupo más amplio de talentos; generando oportunidades, incluso, para candidatos no tradicionales (personas sin profesión o de grupos minoritarios).

2) Mejorar la Propuesta de Valor al Empleado; gracias a que la contratación basada en habilidades crea una

---

8. McKinsey & Company, «Taking a skills-based approach to building the future workforce», noviembre 2022.

fuerza laboral más resiliente, ayuda a prevenir el desgaste y predice cinco veces más el desempeño laboral que la contratación por educación y más del doble que la contratación por experiencia laboral.

3) Construir una fuerza laboral resiliente y mejor preparada para enfrentar cambios importantes en los procesos del negocio y seguir progresando en momentos de recesión.

De esta forma, las prácticas basadas en habilidades, además de beneficiar a las compañías, permiten que los trabajadores se encuentren cada día más preparados para encontrar mejores trabajos en función de sus habilidades, en lugar de sus títulos, antecedentes educativos o años de experiencia en un rol específico.

Sin embargo, este no parece ser el camino más sencillo. En el mencionado Estudio de *Tendencias Globales de Capital Humano de Deloitte*[9] solo un 20% de líderes de gestión humana reconocían estar muy preparados para dejar de operar basados en puestos o cargos de tendencias. Para hacer frente a esta dura realidad, ellos sugieren comenzar a poner en práctica lo siguiente:

- Definir el trabajo, no como un conjunto específico de tareas y responsabilidades (es decir, un «puesto de trabajo»), sino en función de las habilidades necesarias y requeridas. Para ello será necesario partir de los objetivos estratégicos para, luego, determinar el trabajo a llevar a cabo para alcanzarlo y las habilidades necesarias para cumplirlo a cabalidad.

---

9. Deloitte Insights. «Nuevos Fundamentos para un Mundo sin Fronteras. Tendencias Globales de Capital Humano», 2023.

- Recopilar y analizar información sobre las habilidades de los empleados, utilizando la tecnología y los análisis basados en inteligencia artificial.

- Comenzar a ver a los trabajadores de una forma holística, es decir, en función de sus habilidades, en lugar de hacerlo limitadamente, solo tomando en cuenta las tareas predefinidas de sus puestos de trabajo. Esto teniendo en cuenta de que el trabajo puede ser realizado por una persona o un equipo, en el cual, cada quien aporta sus habilidades, al mismo tiempo que las mejora y desarrolla otras nuevas; para luego pasar a otro trabajo donde se requerirán otras habilidades. Bajo este contexto, los trabajos deben asignarse de acuerdo a sus habilidades, pero también en función a sus intereses, valores, pasiones, objetivos de desarrollo, preferencias de ubicación, entre otros; esto para maximizar sus contribuciones personales, consolidar su desarrollo y generar una mejor experiencia en el trabajo

- Utilizar las habilidades como criterio base para tomar decisiones de contratación, movimientos o recompensas respecto de los trabajadores.

Mis conclusiones

- El gran desafío para las compañías radica en la necesidad de desarrollar al Capital Humano, invirtiendo permanentemente en generar nuevo conocimiento y brindar, en todo momento, experiencias de aprendizaje desafiantes y enriquecedoras. El riesgo de no hacerlo podría traducirse en pérdida de talento y, junto con ello, pérdida de capacidades organizacionales y hasta de ventajas competitivas.

- En promedio, una persona cambia de rol cada dos o cuatro años, dentro de su empresa o yéndose a otra compañía, lo cual hace posible un permanente desarrollo de sus habilidades a través de la experiencia laboral. El 80% de estos cambios se genera cuando el trabajador emigra a otra compañía en busca de oportunidades que no encuentra con su actual empleador.

- Si hablamos de experiencias de aprendizaje, nos encontramos frente a la oportunidad de utilizar la tecnología para entrenar y capacitar a la totalidad del Capital Humano, asegurando el continuo desarrollo de las capacidades y habilidades requeridas hoy y las que serán requeridas mañana.

- Para hacer esto posible es necesario ir más allá de la gestión de plataformas digitales y repensar toda la estructura de nuestros procesos de gestión del conocimiento, instalando una verdadera «cultura de aprendizaje», donde cada empleado sea responsable de decidir el tema en el que se capacitará, así como dónde, cuándo y cómo lo hará.

- Al mismo tiempo, no se puede descuidar el contexto social del aprendizaje, que va más allá de la proximidad física y tiene que ver más con la proximidad emocional que se genera con experiencias colaborativas grupales posteriores a la capacitación individual.

- Finalmente, será necesario dejar atrás el enfoque en puestos y funciones para pasar al enfoque centrado en las habilidades, el cual permitirá que los empleados incrementen, dando siempre lo mejor de cada uno.

- Todo esto implicará, para las áreas de Capital Humano, aprender a desglosar los roles en sus habilidades componentes e incorporar habilidades en los procesos tales como reclutamiento, selección, sucesión e incorporación. De esta forma, los trabajadores estarán mejor preparados para encontrar mejores trabajos en función de sus habilidades, en lugar de sus títulos, experiencia o educación.

EL CAPITAL HUMANO COMO VENTAJA COMPETITIVA

4

«Algunas personas quieren que algo suceda, otras sueñan con que suceda, pero hay otras que lo hacen realidad».

—*Michael Jordan*

Ya sabemos que toda compañía tiene varios componentes, cada cual, con un peso y nivel de importancia distinto, siendo las personas el activo más importante. Dichas personas tienen conocimientos y habilidades, los cuales, puestos al servicio de la compañía, adquieren un valor económico; constituyéndose en Capital Humano que genera valor. Pero para que el Capital Humano se convierta, realmente, en generador de valor, es necesario que se cumplan ciertas premisas.

```
Conocimiento
     ⋮
     ↓
┌─────────────┐┌──────────────┐┌──────────┐┌──────────┐
│ CAPITAL     ││ Capacidades  ││ Ventajas ││ Creación │
│ HUMANO      ││Organizacionales││Competitivas││ de Valor │
└─────────────┘└──────────────┘└──────────┘└──────────┘
     ↑
     ⋮
Experiencia
```

5. Generación de Valor a partir del Capital Humano (elaboración propia)

En primer lugar, es necesario invertir en dicho Capital Humano y dotarlo de los conocimientos y de las experiencias necesarias para que pueda cumplir con las responsabilidades asignadas y, al mismo tiempo, pueda ir un paso adelante para generar los cambios que el negocio requiere para seguir siendo exitoso en un mercado cada vez más competitivo.

El contar con Capital Humano preparado y desarrollado, será la base para comenzar a asegurar las **capacidades organizacionales** que la compañía requiere para llevar a feliz término su propósito, su estrategia y, finalmente, su plan de negocios.

Dichas capacidades organizacionales, las cuales constituyen aquello que una compañía es capaz de hacer para darle más valor a sus clientes, deben constituirse en las fuerzas o motores que le permitan competir y triunfar. Pero, para que ello se cumpla, deberán ser muy difíciles de copiar e imitar.

Entonces, las posibilidades estratégicas de una compañía pueden incrementarse considerablemente en relación directa con el fortalecimiento de las capacidades organizacionales, a través del desarrollo constante del Capital Humano, llegando a convertirse en **ventajas competitivas**.

Incluso el propósito, la estrategia y el plan de negocios, puede requerir el desarrollo de ciertas capacidades que no existen o están poco desarrolladas en la empresa; las cuales, sin embargo, una vez desarrolladas y reforzadas, harán posible el éxito de la compañía y, al mismo tiempo, apuntarán a estrategias más ambiciosas y agresivas.

Entonces, bajo la óptica del Capital Humano, un empleado con el conocimiento y experiencias necesarias para desempeñar su puesto, ubicado en un adecuado contexto de trabajo en el que se sienta motivado y comprometido, podrá impactar favorablemente en los resultados del negocio generando un retorno positivo de la inversión que hizo la compañía.

Cuando hablamos de «un adecuado contexto de trabajo» debemos entender la confluencia de una serie de factores que contribuyen a que el empleado cuente con las condiciones de trabajo necesarias para llevar a cabo sus funciones. Estas condiciones de trabajo están relacionadas con el **Capital Organizacional**; el cual agrupa a factores propios de una compañía, tales como: cultura, estructura organizacional, procesos, tecnología, clima organizacional, estilo de liderazgo, entre otros.

Con un enfoque de esta naturaleza, las compañías podrán pasar de un enfoque de considerar a sus empleados como «recursos» o «activos», a un enfoque donde los empleados son considerados como **inversionistas** de su Capital Humano.

Esto les permitirá a las compañías contar con una fuerza laboral preparada, motivada y comprometida, que generará mayor valor al negocio, a través de mejores resultados relacionados con significativas mejoras en la productividad y en el incremento de los ingresos gracias a una mejor relación con los clientes.

Y aquí es donde radica la esencia del Capital Humano como generador de valor, en un retorno de la inversión que beneficia no solo al negocio, sino que también debe alimentar un círculo virtuoso en el que se genera mayor valor para los empleados a través de más oportunidades de desarrollo, más recompensas financieras y reconocimiento por sus logros. Todo ello alimentará un sentimiento de realización en el trabajo que elevará la motivación para que todos los empleados quieran dar siempre la «milla extra».

El Capital Humano como centro de la estrategia

En el capítulo anterior pudimos comprobar lo rentable que puede ser para los trabajadores que la compañía opte por el desarrollo constante de su Capital Humano, teniendo en cuenta que las habilidades aprendidas en el trabajo representan casi la mitad de los ingresos de por vida de una persona promedio.

Pero, para que la ecuación se complete debemos demostrar que invertir en la gente también resulta beneficioso para las organizaciones que optaron por convertir a su Capital Humano en **ventaja competitiva**.

A inicios de 2023, McKinsey publicó los resultados de un estudio titulado *Desempeño a través de las Personas*[1], en el

---

1. McKinsey Global Institute & McKinsey's People & Organizational Per-

cual analizaron 1800 grandes empresas de todos los sectores en 15 países, para clasificarlas en función de dos factores: cuánto se enfocan en desarrollar el Capital Humano y si superan financieramente a sus pares del sector.

Los resultados les permitieron clasificar a las organizaciones en cuatro grupos representativos:

1. Las compañías que ponen foco en el desempeño para obtener resultados financieros de primer nivel, a las que denominaron **Performance-Driven Companies**.

2. Las compañías centradas en las personas, que invierten muchos recursos en el desarrollo de sus empleados, pero no pueden traducir eso en finanzas sólidas; las mismas que fueron clasificadas como **People-Focused Companies**.

3. Las compañías que sobresalen en la creación de oportunidades para que sus empleados desarrollen habilidades (medidas según la movilidad interna, las horas de capacitación y el clima organizacional) mientras alcanzan constantemente el mejor desempeño financiero. Estas compañías recibieron el título de P**eople + Performance (P+P) Winners**.

4. Las compañías que no se destacan en ninguna dimensión y que, lamentablemente, resultaron ser la mayoría; las que fueron denominadas **Typical Performers**.

---

formance Practice. «Performance through people. Transforming human capital into competitive advantage», febrero 2023.

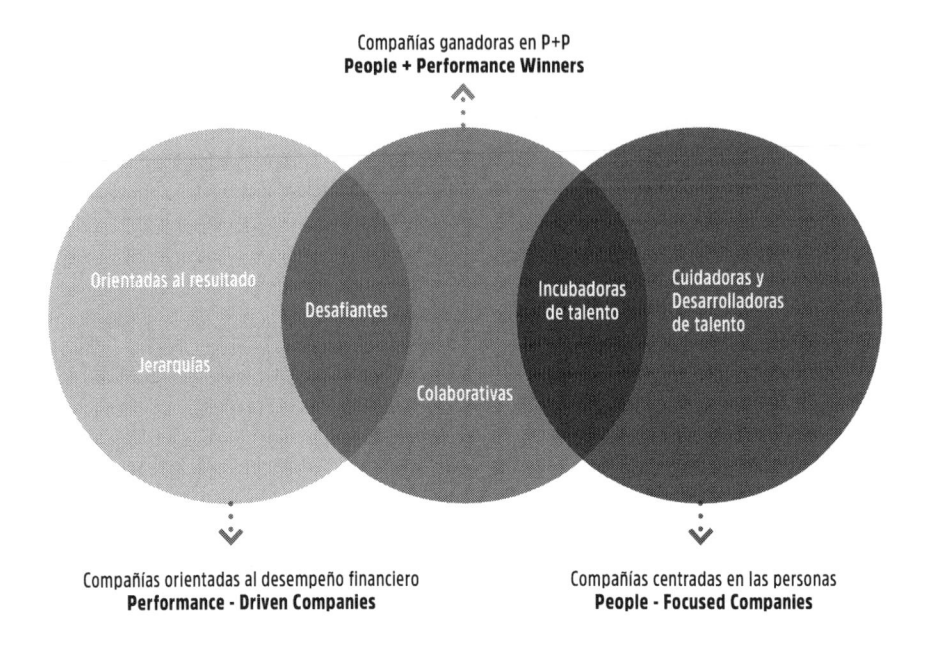

Compañías ganadoras en P+P
People + Performance Winners

Orientadas al resultado

Jerarquías

Desafiantes

Colaborativas

Incubadoras de talento

Cuidadoras y Desarrolladoras de talento

Compañías orientadas al desempeño financiero
Performance - Driven Companies

Compañías centradas en las personas
People - Focused Companies

6. Características de las compañías según su orientación al resultado o a la gente (basado en la investigación de McKinsey: «Performance Trough People»)

Los atributos más destacables de las compañías ganadoras en P+P tienen que ver con los resultados consistentes que obtienen, a los que se suma una capacidad superior para atraer y retener talento; ambos muy importantes en momentos, como los actuales, de incertidumbre económica y escasez de mano de obra.

Otra clara ventaja de las ganadoras en P+P en relación a las impulsadas únicamente por el rendimiento financiero, radica en que las primeras tienen aproximadamente 1,5 veces más probabilidades de permanecer en el nivel superior año tras año, y tienen aproximadamente la mitad de la volatilidad de las ganancias. Así, estas compañías logran no solo ser consistentes a través de los altibajos normales de los ciclos comerciales, sino también más resistentes en tiempos de crisis.

Estas compañías fueron capaces de salir adelante durante la pandemia, cuando solo el 54 % de las empresas catalogadas como P+P experimentó una reducción de poco más de 0,5 puntos porcentuales en el rendimiento del capital invertido de 2019 a 2020, en comparación con el 65 % de las empresas impulsadas por el rendimiento.

Asimismo, las empresas con enfoque P+P encontraron más oportunidades de crecimiento en los años de crisis. De 2019 a 2021, aumentaron los ingresos dos veces más rápido que las empresas impulsadas por el rendimiento (8% frente a cuatro por ciento).

De acuerdo con ello, es evidente que aquellas compañías que supieron acumular, de forma consistente, reservas de lealtad, buena voluntad y capacidad innovadora invirtiendo en su Capital Humano, tuvieron más recursos internos a los que recurrir durante la crisis generada por la pandemia.

Las organizaciones tipo P+P también lograron convertirse en verdaderos imanes de talento, con una tasa de deserción de casi cinco puntos porcentuales más baja que la de las empresas impulsadas por el rendimiento, reportando mejores niveles de satisfacción laboral. Además, encontraron que los empleados de estas compañías tienen 1,3 veces más probabilidades de pasar a niveles de ingreso de por vida más altos que los empleados de las empresas impulsadas por el rendimiento.

Compañías orientadas al desempeño financiero
Desafiantes
Jerárquicas,
orientadas a objetivos

Compañías Ganadoras
Gente + Resultados
Desafiantes
Colaborativas
Motivadoras

Compañías con desempeño promedio
Sin patrones claros

Compañías centradas en las personas
Cuidan el talento
Motivadoras
Protectoras

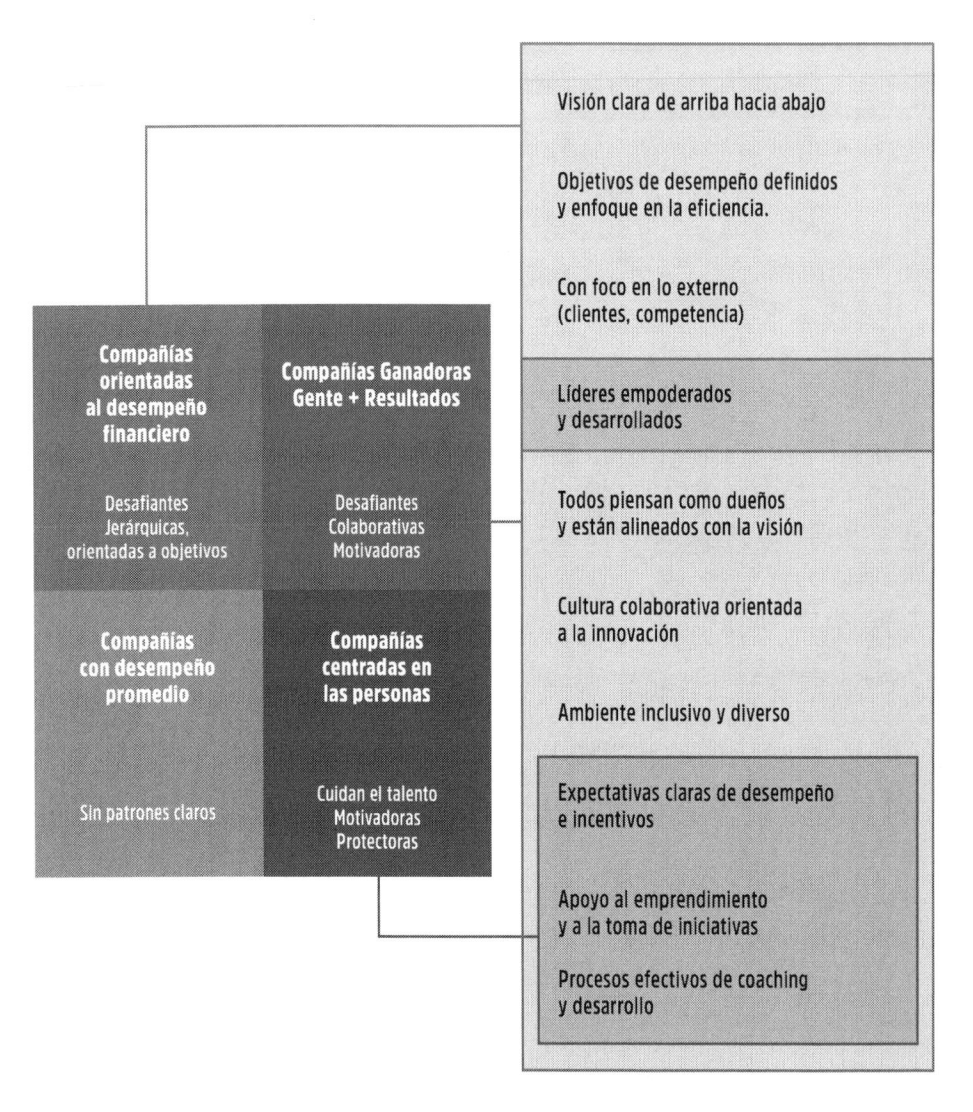

Visión clara de arriba hacia abajo

Objetivos de desempeño definidos y enfoque en la eficiencia.

Con foco en lo externo (clientes, competencia)

Líderes empoderados y desarrollados

Todos piensan como dueños y están alineados con la visión

Cultura colaborativa orientada a la innovación

Ambiente inclusivo y diverso

Expectativas claras de desempeño e incentivos

Apoyo al emprendimiento y a la toma de iniciativas

Procesos efectivos de coaching y desarrollo

7. Elementos organizativos priorizados por cada categoría de compañías (basado en la investigación de McKinsey: «Performance Trough People»)

La transformación del Capital Organizacional

Otro hallazgo importante de la investigación de McKinsey está relacionado con las razones del éxito indudable, en ambos frentes, de las empresas catalogadas como P+P. Y es que, a la inversión en las personas, hay que sumarle otro ingrediente para sacar lo mejor de ellas y canalizar sus esfuerzos en resultados: el **Capital Organizacional**.

Ya vimos antes que el Capital Organizacional tiene que ver con las prácticas, los procesos, los sistemas y la cultura dentro de cada empresa; abarcando desde programas de capacitación hasta flujos de trabajo, estructuras de departamentos y equipos, comunicaciones con los empleados, normas, cultura y liderazgo. Si esto se gestiona bien y con efectividad, se logra que las personas talentosas formen un solo equipo cohesionado y de alto desempeño.

Estas compañías entendieron que el Capital Organizacional constituye todo lo que rodea a los empleados, por lo que se esfuerzan por tener estilos de liderazgo más humanos y, al mismo tiempo, desafiantes; innovación y colaboración ascendentes; ambientes de trabajo positivos e inclusivos; brindando permanentemente recompensas y oportunidades de desarrollo para sus empleados. Es de esta manera como, finalmente, el Capital Organizacional se convierte en uno de los principales activadores del Capital Humano.

Por ello, creemos que las compañías deberían emprender el camino para transformar su Capital Organizacional con el objeto de poder salir airosas en momentos de incertidumbre económica y de escasez de talento, gracias a una mayor consistencia y resiliencia, así como un menor desgaste de talento.

Las compañías que decidan iniciar esta transformación deberían comenzar por lo siguiente:

- Respecto a las políticas y «reglas de juego»; garantizar expectativas e incentivos de desempeño transparentes, oportunidades para crecimiento y desarrollo del talento interno, así como un ambiente de trabajo inclusivo.
- Respecto a los comportamientos de liderazgo; asegurar a los trabajadores autonomía y oportunidades de participación en iniciativas clave en un ambiente colaborativo que fomente la innovación a todo nivel.

Para saber si están siendo efectivas en este propósito, las compañías tienen que establecer algunos indicadores a medir. Algunos ejemplos de métricas a usar podrían ser financieras (brecha salarial por género e inversión en capacitación, compensaciones y gastos generales de gente en relación con los ingresos de la compañía), operativas (rotación, tasa de promociones internas, políticas de inclusión, índices de diversidad) o de compromiso (clima organizacional y experiencia del empleado).

Crear una cultura de Alto Desempeño

Ya entendimos lo que representa gestionar el Capital Organizacional para asegurar el éxito de una compañía basado en la generación de valor por parte del Capital Humano. Sin embargo, para que todo esto tenga éxito, es necesario construir una cultura ganadora que sea única e irrepetible y que, al mismo tiempo, tenga características de aquellas compañías obsesionadas con el alto desempeño, las mismas que fueron estudiadas por Bain & Company en 2013 y publicadas en un célebre artículo en HBR[2], el mismo que mantiene plena vigencia a pesar del tiempo transcurrido.

---

2. Michel Mankins, «The Defining Elements of a Winning Culture», Harvard Business Review, diciembre 2013.

Uno de los primeros hallazgos de ese estudio, tiene que ver con la forma en que se define la cultura. Mientras que para el grueso de compañías la cultura es importante solo para que las personas se sientan bien en el lugar donde trabajan, en las empresas de alto desempeño el enfoque va más allá del «sentirse bien» y apunta a los resultados del negocio.

Esto configura una clara identidad, única y difícil de copiar, que hace que los trabajadores de una compañía no solo sientan que son parte de una gran organización, sino que realmente se apasionen por dar lo mejor de cada uno para ser parte activa del éxito de esa compañía.

En simultáneo, hay ciertos atributos que caracterizan a las compañías de alto desempeño, con los cuales consiguen que los empleados alineen su desempeño con la estrategia del negocio. Los principales, son los siguientes:

1. Altas aspiraciones y deseos de ganar, buscando permanentemente el éxito respecto a la competencia o en el afán de superarse a sí mismos.

2. Permanente enfoque en lo externo, entendiendo que todos trabajan para los clientes y *stakeholders* de la compañía, por lo cual, las relaciones que se generan con ellos se llevan a cabo en un marco de total integridad.

3. Todos los empleados se sienten responsables de sus acciones y propietarios de sus resultados, siendo permanentemente recompensados y reconocidos por su contribución y logros.

4. Tendencia a dar siempre lo mejor de cada uno, buscando las mejores formas de hacer las cosas, evolucionando e innovando permanentemente.

5. Ambiente colaborativo gracias al constante intercambio de ideas entre individuos que conforman un único y gran equipo cohesionado, donde todos comparten la misma visión y aspiración.

6. Coexistencia de equipos ágiles y capaces, no solo de adaptarse, sino de liderar los cambios que fueran necesarios para que la compañía pueda mantener una posición de liderazgo.

IDENTIDAD ÚNICA...

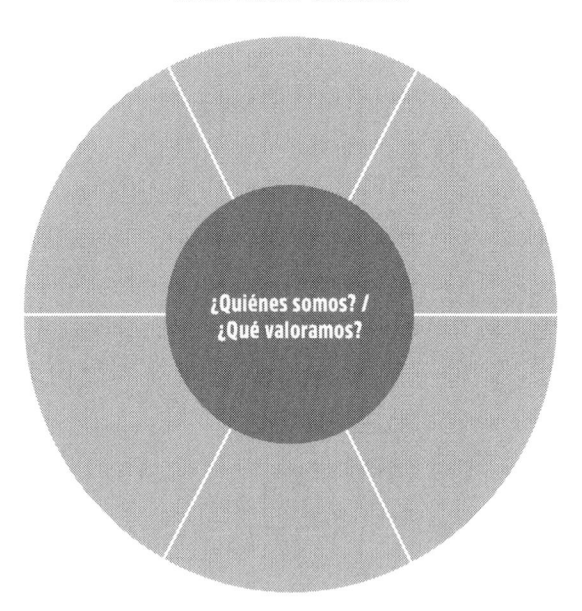

¿Quiénes somos? / ¿Qué valoramos?

Toda empresa de alto desempeño es ÚNICA

...ORIENTADA AL DESEMPEÑO

- **1** Altas aspiraciones y deseos de ganar
- **2** Foco en lo externo
- **3** Pensar como "dueños"
- **4** Orientación a la innovación
- **5** Un equipo cohesionado
- **6** Capacidad de cambiar

Existen SIMILITUDES en compañías de alto desempeño

8. La cultura de las compañías exitosas combina identidad única y orientación al desempeño (basado en la investigación de Bain & Company: «The Defining Elements of a Winning Culture»)

Si bien es cierto, será muy difícil que una compañía pueda presumir de tenerlos todos, al menos deberían concentrarse en comenzar a cambiar la forma en la que hacen las cosas y adoptar estas buenas prácticas.

Alcanzando el Alto Desempeño

El enfocarse en lograr un Alto Desempeño supone tener claridad de los planes de la compañía y, con base en ellos, definir las acciones que deberá ejecutar el Capital Humano, en forma individual y colectiva, para alcanzar las metas propuestas. Al mismo tiempo, será necesario tener claridad de las necesidades o demandas que la compañía necesita satisfacer, aunadas a las necesidades del Capital Humano, que será necesario atender para que este pueda impactar favorablemente en el desempeño del negocio.

La Jerarquía de Necesidades, concepto desarrollado por Dana y James Robinson[3], describe claramente dichas necesidades:

- **Necesidades del Negocio:** Metas operacionales y/o estratégicas para una organización o alguna de sus áreas o unidades de negocio, las cuales son expresadas en términos operacionales y son medidas en números. Estas se traducirán en planes operativos, los mismos que se desdoblarán en objetivos de desempeño.

- **Necesidades del Desempeño:** Requerimientos propios de los empleados, medidos en términos de comportamientos y habilidades, necesarios para impactar a través del cumplimiento de los objetivos de desempeño, en las referidas necesidades del negocio.

- **Necesidades del Ambiente Laboral:** Referidas a las condiciones de trabajo o del Capital Organizacional, las cuales son necesarias para que se alcance el desempeño deseado. Estas necesidades podrían satisfacerse con soluciones tales como sistemas de compensación variable, procesos de rediseño del trabajo, uso de inteligencia artificial o de *machine learning*, entre otras.

- **Necesidades de Capacidades Individuales:** Las cuales identifican las habilidades que son requeridas por parte de los trabajadores para que su desempeño sea exitoso, tanto en sus funciones diarias, así como en su participación en proyectos como parte de sus objetivos de desempeño.

---

3. Dana Gaines Robinson & James C. Robinson. Moving from Training to Performance. ASTD, 1995. Pag. 232 – 235.

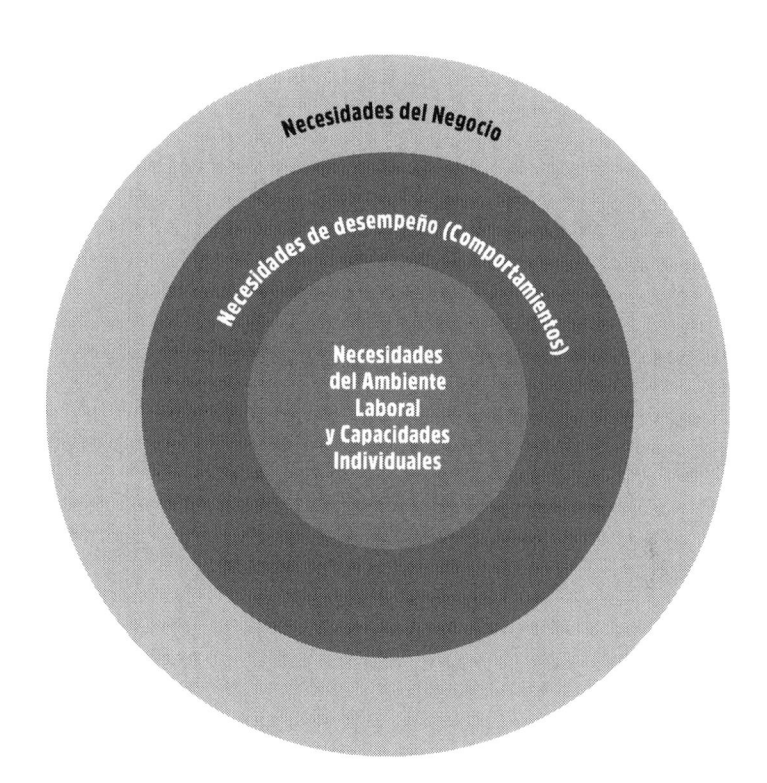

Necesidades del Negocio

Necesidades de desempeño (Comportamientos)

Necesidades del Ambiente Laboral y Capacidades Individuales

9. Jerarquía de Necesidades (basado en: «Moving from Training to Performance» de Dana Gaines Robinson and James C. Robinson)

Una vez definidas las necesidades, es necesario analizar las brechas existentes entre la situación presente y el estado deseado, para entender con claridad los factores que debemos mover para impactar favorablemente en el desempeño. Para ello, los mismos autores mencionados proponen usar un *Mapa de Relaciones de Desempeño*[4], el cual tiene los siguientes componentes:

• **Necesidades del Negocio:** Metas u objetivos del negocio incluidos en el Plan Operativo.

---

4. Dana Gaines Robinson & James C. Robinson. Performance Consulting. Berret-Koehler Publishers, San Francisco, 1996. Pag. 65 – 74.

- **Necesidades del Desempeño:** Acciones a llevar a cabo, o comportamientos esperados de los empleados, para asegurar el cumplimiento del Plan Operativo.
- **Realidad Actual del Negocio:** Resultados actuales del negocio.
- **Realidad Actual del Desempeño:** Accionar y aporte real de los empleados para el logro de los resultados esperados.
- **Análisis de las Causas** que originan las brechas entre las necesidades y la realidad actual, las cuales pueden deberse a factores externos a la organización o a factores internos relacionados con el Capital Organizacional (ambiente laboral o flujo de procesos) o con el Capital Humano (habilidades y conocimientos requeridos).
- **Identificación de posibles soluciones** o medidas a tomar para hacer realidad los «debería».

Utilizando este criterio, podremos estar seguros de que habremos definido las bases para que el desempeño del Capital Humano impacte favorablemente en las necesidades de la compañía y, de esta forma, ir construyendo consistentemente una Cultura de Alto Desempeño.

Finalmente, se trata de cambiar el *mindset* y alinear a la gente en torno a una cultura orientada al alto desempeño. Esto también es un cambio cultural, el mismo que se debe asumir con reglas de juego claras y simples. En el artículo *Tres pasos hacia una cultura de alto rendimiento*[5] se describe una fórmula para crear una cultura de desempeño superior:

---

5. Carolyn Dewar & Scott Keller. «Three Steps to a High-Performance Culture». Publicado en Harvard Business Review, September 15, 2022.

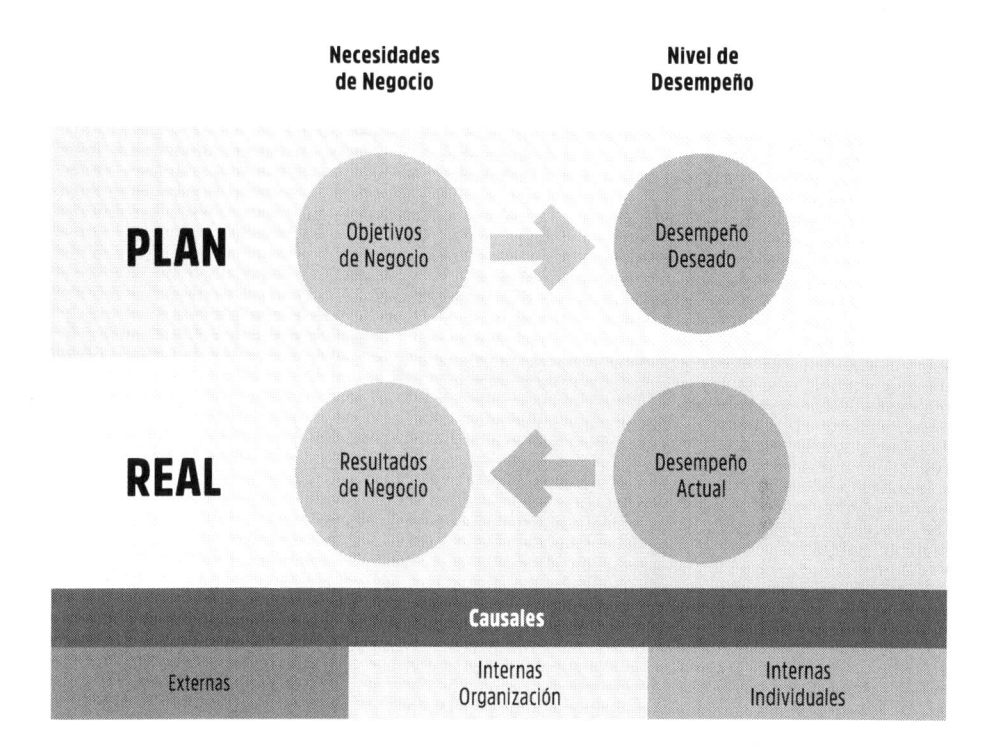

	Necesidades de Negocio	Nivel de Desempeño
PLAN	Objetivos de Negocio →	Desempeño Deseado
REAL	Resultados de Negocio ←	Desempeño Actual

Causales		
Externas	Internas Organización	Internas Individuales

10. Mapa de Relaciones de Desempeño (basado en: «Performance Consulting» de Dana Gaines Robinson and James C. Robinson)

• **Primer paso:** Establecer un entendimiento común de la cultura y sus métricas. Las culturas de alto rendimiento se distinguen por su capacidad de alineamiento (obtener claridad sobre la visión, la estrategia y los comportamientos compartidos de los empleados), de ejecución (avanzar en la dirección acordada con mínima fricción) y de renovación (mejorar continuamente a un ritmo que supera a los competidores).

- **Segundo paso:** Focalizarse en pocos cambios, pero asegurándose de que sean los más importantes. Los autores refieren que es imposible cambiar significativamente más de cinco aspectos de la cultura de una organización en un período de 12 a 18 meses. Por otro lado, la ventaja de tener una lista corta es que permite que todos se concentren en los cambios realmente importantes para alcanzar el estado final deseado.

- **Tercer paso**: Integrar los esfuerzos de cambio cultural con iniciativas de mejora empresarial. Esto, por la sencilla razón de que los esfuerzos de cambio cultural que se ejecutan como programas independientes suelen ser los últimos en la lista y rara vez tienen éxito.

Mis conclusiones

- Si queremos que el Capital Humano genere valor al negocio, será necesario invertir en él para asegurar las capacidades organizacionales que la compañía requiere para llevar a feliz término su plan de negocios. Dichas capacidades deben ser difíciles de imitar para poder constituirse en las fuerzas propias que le permitan competir y triunfar, convirtiéndose en ventajas competitivas. Este enfoque ayudará a que las compañías dejen de considerar a sus empleados como «recursos» o «activos», para considerarlos como inversionistas de su Capital Humano.

- Cuando una compañía valora realmente a su Capital Humano, relacionan el desempeño de las personas con sus resultados financieros. De esta forma, el éxito acompañará a las compañías que sobresalgan en la creación de oportunidades para que sus empleados desarrollen habilidades mientras alcanzan constantemente el mejor desempeño financiero.

- Sin embargo, buscar convertirse en una compañía de alto desempeño supone claridad total respecto al plan estratégico de la compañía y de las acciones que deberá ejecutar el Capital Humano, ya sea en forma individual y/o colectiva.

- Se trata de un cambio cultural, para el cual deberían seguirse tres pasos:

    o Establecer un entendimiento común de la cultura y sus métricas.

    o Focalizarse en pocos cambios, pero asegurándose de que sean los más importantes.

    o Integrar los esfuerzos de cambio cultural con iniciativas de mejora empresarial.

MOTIVAR Y COMPROMETER AL CAPITAL HUMANO 5

«No des a tus empleados por sentado. Si no valoras a tu equipo, ellos no valorarán a tus clientes».

—Richard Branson

En la segunda mitad del siglo XVIII, la Revolución Industrial comenzó a definir reglas de juego para el mundo del trabajo y de las relaciones laborales, al irrumpir modelos de producción mecanizada que dieron origen a una visión del trabajo como un sistema de procesos repetibles organizados en una estructura formal de puestos, cada uno con tareas repetitivas y predefinidas.

Es allí donde también comienzan a gestarse unidades para administrar a los numerosos trabajadores que comenzaron a incorporarse a las nacientes industrias. La finalidad inicial de estas unidades, conocidas como departamentos de personal o de relaciones industriales, estuvo asociada con la administración de la vivienda, la salud, los horarios y el pago de los salarios; así como la resolución de los numerosos problemas y la permanente insatisfacción de los trabajadores, derivados de las incipientes y duras condiciones de trabajo.

Desde ese momento, el mundo del trabajo ha pasado por, al menos, tres transformaciones:

1. La introducción de la producción en masa, que se inició en 1870 y fue posible gracias al salto del vapor a la electricidad como alimentador para las maquinarias de producción. Esto originó las llamadas «líneas de producción» y las funciones de los departamentos de personal se ampliaron a gestionar a las personas en grupos y en turnos; lo cual hizo necesaria la figura de los «capataces» o «supervisores», quienes daban las instrucciones y se aseguraban de que los procesos se llevaran a cabo tal cual se habían definido. La gestión de las personas, en aquel entonces, se basaba en asegurar que los trabajadores cumplieran órdenes para seguir procesos definidos e inamovibles.

2. El nacimiento de la automatización, que comenzó en 1960 con la introducción de los semiconductores y las computadoras, la cual vino a revolucionar la forma de operar las maquinarias y de administrar a las compañías y sus procesos. En el mundo de la gestión de personas se introdujeron nuevos conceptos psicológicos y sociológicos, dando lugar a la introducción de la gestión del rendimiento y del desempeño, así como del uso de mecanismos de escucha de la voz de los trabajadores, tales como: la gestión del clima y el compromiso, así como la participación de los trabajadores en la gestión del trabajo y en la administración de los procesos productivos[1].

---

1. Si bien es cierto, la participación de los trabajadores para hacer

3. El ingreso al mundo de la información, que inició a finales del siglo pasado, trajo aportes como la inteligencia artificial, la *big data*, el *cloud computing* y el *machine learning*; que aceleró sustancialmente cambios transformacionales en todos los procesos de las compañías y que puso por encima de todo al Capital Intelectual y, dentro de este, al Capital Humano.

La pandemia de Covid-19 no hizo más que acelerar dicha evolución, adelantando cambios que están transformando definitiva y radicalmente la forma en cómo debemos concebir el mundo del trabajo y de la gestión de las personas.

Los nuevos paradigmas en la gestión del Capital Humano

Además de la digitalización de casi todos los procesos y transacciones en nuestra vida diaria, estamos viviendo lo que se ha denominado la *Economía de la Experiencia*, en la cual, nuestro comportamiento y rol como consumidores está cambiando significativamente. Ahora, privilegiamos la experiencia asociada al producto o servicio que estamos adquiriendo, por encima del precio y la calidad; y tenemos la capacidad de que nuestras opiniones sean conocidas por otros consumidores, quienes podrían tomar decisiones de compra basados en opiniones de otras personas,

---

mejoras a los procesos de trabajo tuvo su nacimiento, años antes, en 1950, cuando se introdujo el modelo Kayzen en Japón, dando origen a la «mejora continua»; esta fue arraigándose progresivamente dando origen, algunos años después, a los equipos de trabajo autónomos, también conocidos como AWGs (Autonomous Work Groups) por sus siglas en inglés. A estos grupos se les daba alguna autonomía para tomar decisiones respecto de la organización del trabajo y el cumplimiento de los procesos o funciones.

antes que en las campañas publicitarias. Al estar más informados y conectados, los consumidores tenemos el poder de exigir cada vez más.

Este mismo panorama se ha trasladado al interior de las compañías, donde los trabajadores tienen mucho que decir respecto de su situación laboral. No solo desean que su empleador conozca sus aspiraciones, su motivación y satisfacción laboral; sino que desean expresar su punto de vista, favorable o no, respecto de cada momento de su vida laboral. Esto ha dado lugar a que hoy en día se privilegie la gestión de la experiencia del empleado, incluso por encima de la satisfacción y el compromiso.

Gestionar al Capital Humano, en este contexto, implica liderar un cambio que nos permita triunfar en el nuevo mundo del trabajo, donde para lograr compromiso tenemos que buscar el beneficio común: para el trabajador y para la compañía. Para salir airosas de este desafío, las áreas de Capital Humano requieren revisar sus procesos e incorporar otros nuevos, diversificando la función y transformándose en áreas multifuncionales que trabajen por proyectos (y no por funciones) para dar las soluciones que el negocio requiere en forma rápida.

Los tiempos actuales plantean, sin duda alguna, grandes desafíos a la gestión del Capital Humano, los mismos que podrían resumirse en:

- Darle importancia al **Propósito** como motivador e impulsor del alto desempeño

- Construir una **Propuesta de Valor al Empleado**, poderosa y consistente

- Gestionar con éxito la **Experiencia del Empleado** para fortalecer el compromiso

De esto nos ocuparemos en los próximos tres tópicos.

El propósito como motivador e impulsor del Alto Desempeño

Muchas compañías exitosas se dedicaron, en algún momento, a definir la razón primigenia de su existencia, definiendo con ello su propósito, el cual es (o debería ser) la base para construir todas sus estrategias y planes, así como el tamiz final para definir si una decisión de negocio es la correcta y si realmente contribuye a generar valor.

Visto así, el propósito permite que las compañías definan su estrategia a corto y largo plazo, sin perder de vista su razón de ser y siendo plenamente consistentes en todos sus procesos e interacciones con sus públicos de interés.

Pero, así como el propósito de la compañía es fundamental para darle sentido a lo que hace, los trabajadores también deberían conocer, además del propósito de la compañía, el de sus respectivos puestos de trabajo. Esto implica ir mucho más allá de las convencionales descripciones de puestos, las mismas que no pueden detallar todas las responsabilidades ni el valor que se espera agregue dicha posición a la compañía; y, además, se desactualizan muy rápido a consecuencia de los cambios constantes que atraviesan la gran mayoría de organizaciones. De lo que se trata, entonces, es de que el empleado sepa claramente por qué su puesto y función son importantes para la compañía y a qué procesos y resultados contribuye.

El conocer el impacto de su puesto dentro de la estrategia y planes de la compañía, hará que el Capital Humano asuma sus responsabilidades con una visión más ambiciosa, buscando siempre dar la «milla extra» para impactar favorablemente en los resultados de la compañía.

Luego de que la pandemia del Covid-19 pusiera a mucha gente a cuestionarse por qué trabajaban y cuál era el sentido de esforzarse día a día en una compañía, se hace necesario que las empresas ayuden a sus empleados a buscar respuestas y encontrar su propósito para darle sentido a su trabajo. En un artículo publicado en HBR[2], Keith Ferrazi y Mike Clementi, muestra el resultado de una investigación de la *London School of Economics*, la misma que concluye que los empleados que han descubierto su propósito tienen un 49% más de probabilidades de sentirse motivados por sí mismos, un 33% más de probabilidades de expresar una mayor satisfacción laboral y un 25% más de probabilidades de hacer un esfuerzo adicional.

Entones, será importante comenzar a indagar sobre esto en nuestras encuestas de clima o través de grupos focales (*focus groups*) o conversaciones uno a uno, para entender cuáles son los factores que motivan y energizan a nuestros empleados, así como cuáles son los que causan desánimo y desmotivación y que podrían convertirse en motivos para que dejen la compañía.

Por otro lado, si queremos que nuestros empleados encuentren el propósito de su rol y dimensionen el valor que podrían agregar a la compañía a través de su buen desempeño, entonces deberíamos comenzar por asegurarnos de que tengan absoluta claridad de los roles que les toca desempeñar, de las interacciones que necesitarán para alcanzar resultados, así como de las reglas de juego existentes dentro de cuyos parámetros tendrán que moverse. La combinación de estos tres elementos hará posible que los empleados asuman responsabilidad por el resultado de su trabajo.

---

2. Keith Ferrazzi and Mike Clementi, «The Great Resignation Stems from a Great Exploration», en Harvard Business Review, junio 2022.

Este proceso es descrito, con mucha claridad, en el informe de Deloitte *Cómo los líderes pueden construir una cultura de responsabilidad en una era digital*[3], el cual detalla la importancia de las «Tres Erres» de la responsabilidad:

1. La claridad del **rol** supone que los ocupantes tienen clara la responsabilidad y el impacto para la organización, lo cual les permite ver la repercusión de su función como parte de un propósito mayor y los motivará a dar todo de sí para generar resultados positivos.

2. Las **reglas** tienen que ver con los procesos formales establecidos y los códigos de conducta que establecen los parámetros dentro de los cuales se puede accionar.

3. Finalmente, las **relaciones** tienen que ver con el espíritu de permanente coordinación y colaboración entre los equipos para lograr un objetivo compartido, lo cual permitirá la creación de un sentimiento de pertenencia y compromiso, fruto de involucrar a los empleados en la definición de objetivos y en la toma de decisiones.

---

3. Deloitte Insights, «Fewer sleepless nights. How leaders can build a culture of responsibility in a digital age», 2017.

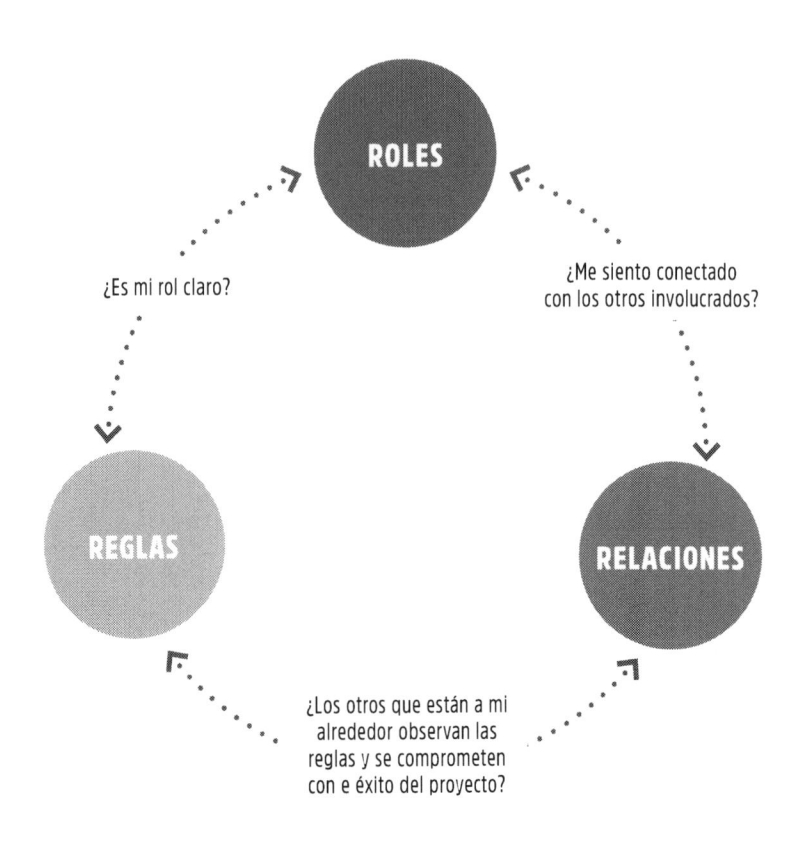

```
            ROLES
    ↗                ↖
¿Es mi rol claro?    ¿Me siento conectado
                     con los otros involucrados?


  REGLAS              RELACIONES
       ↖            ↗
       ¿Los otros que están a mi
       alrededor observan las
       reglas y se comprometen
       con e éxito del proyecto?
```

11. Criterios necesarios para asumir responsabilidad
(basado en Deloitte Insights, "Fewer sleepless nights. How leaders
can build a culture of respon-sibility in a digital age", 2017)

Sin embargo, en un entorno digital, como en el que estamos inmersos de forma irreversible, este equilibrio puede verse alterado debido al auge de los enlaces virtuales, del trabajo remoto, de la automatización y el cambiante ritmo del trabajo. El trabajo remoto, por ejemplo, puede desconectar a los empleados, debilitando los enlaces entre roles y relaciones; por otro lado, la creciente automatización de procesos podría debilitar el enlace entre roles y reglas, al asumir por inequívocas las respuestas de la inteligencia artificial. Finalmente, el permanente ritmo cambiante del trabajo podría no ir en paralelo con la actualización de reglas, que devienen en obsoletas o imposibles de aplicar en el nuevo contexto, o podría debilitar las relaciones sociales y la colaboración.

ROLES

La automatización incrementada puede crear confusión del rol entre humanos y computadoras

Los enlaces virtuales pueden debilitar la conectividad entre los trabajadores

REGLAS

RELACIONES

El ritmo cambiante significa que las reglas pueden cambiar de manera regular, potencialmente haciendo más difícil tomarse el tiempo que se necesita para considerar los potenciales resultados de una decisión

12. Barreras digitales para las tres "erres" de la responsabilidad (basado en Deloitte Insights, "Fewer sleepless nights. How leaders can build a culture of respon-sibility in a digital age", 2017)

Para evitar que las barreras mencionadas frenen el entendimiento de la responsabilidad, se sugieren tres pilares de responsabilidad:

1. Promover la **colaboración intencional**, fomentando la confianza entre los miembros de los equipos y entre los equipos también, a la vez que se fortalece un sentido de propiedad y pertenencia, que hace posible que todos trabajen en conjunto, confiando unos en otros, para contribuir a un propósito u objetivo mayor, partiendo del supuesto de que las personas están dispuestas a dar la milla extra y actuar éticamente con las personas que les agradan y con quienes confían.

Vista así, la colaboración ayuda a incrementar la comunicación, mejorar el compromiso, e incrementar la transparencia en entornos potencialmente inciertos y regularmente cambiantes. Además, sirve como catalizadora para la reducción de confianza y responsabilidad ocasionada por la digitalización de los procesos.

Esta colaboración intencional debería incluir a todos los equipos de la compañía, sin distinción de dispersión geográfica, naturaleza de los mismos (por ejemplo, si son dinámicos o estáticos, regulares o esporádicos, remotos o en persona, formales o informales) y estructuras del ecosistema (trabajadores, clientes, proveedores, socios, y competidores).

Para fomentar dicha colaboración intencional las compañías deberían fomentar el *accountability* entre pares, durante el proceso de definición de las metas y objetivos anuales, permitiendo que los empleados identifiquen a otros compañeros con los cuales necesitan coordinar o trabajar en conjunto para poder lograr sus propias metas u objetivos individuales. Esto fomentará un entorno interdependiente que fomentará el trabajo en equipo, la clarificación de los roles y el afianzamiento de las relaciones. Asimismo, deberían orientar las recompensas (bonos o similares) y reconocimientos a logros alcanzados trabajando en equipo, para lo cual será necesario definir métricas e indicadores de desempeño grupal.

2. Fomentar la **reciprocidad**, para crear vínculos más fuertes y estrechos entre relaciones y reglas. Para ello, el primer paso, será hacer sentir a los empleados que la compañía valora sus contribuciones y se preocupa por su bienestar; ya que ello hará que los empleados sientan agradecimiento y compromiso como reciprocidad a ese trato. Esto hará que la reciprocidad se convierta en un importante motivador, toda vez que es una tendencia humana natural devolver bien por bien o favor por favor; caso contrario, si los empleados perciben que sus líderes no son sinceros y no tienen un buen trato, simplemente no asumirán la debida responsabilidad.

Para asegurarse de ello será necesario mapear frecuentemente el estado de la motivación y el compromiso de los empleados hacia la organización, yendo más allá de las encuestas anuales de clima y compromiso. Al mismo tiempo, asegurarse que las metas y objetivos funcionales se alineen perfectamente con las prioridades estratégicas de la organización, para hacer posible que, cuando se logren los resultados esperados, el reconocimiento alcance a todos los equipos que trabajaron para ello y que estos, a su vez, incluyan a la mayor parte de trabajadores de la compañía.

También será necesario empoderar a los empleados con la finalidad de que el trabajo en equipos multidisciplinarios fluya sin obstáculos y puedan tomar decisiones, desarrollen las habilidades necesarias y se adapten a las prioridades cambiantes sin tener que pasar por trabas burocráticas o pedidos de autorización a múltiples niveles jerárquicos.

3. Incentivar a los líderes para que asuman un **liderazgo digital**, modelando los comportamientos correctos en un contexto virtual y aprovechando las plataformas tecnológicas, no solo para hacer seguimiento y control, sino para, principalmente, empoderar y construir agilidad. De esta forma los «líderes digitales» podrán comunicarse de forma consistente, auténtica, y transparente con los empleados, usando la tecnología para mantener contacto permanente con sus equipos, proporcionarles retroalimentación en tiempo real y crear una cultura de compartir el conocimiento.

Para incentivar este «Liderazgo Digital» las compañías deberían desarrollar habilidades tecnológicas en sus actuales líderes o contratar líderes nativos digitales que trabajen bien con la tecnología y que sean capaces de motivar y comprometer a sus equipos en torno a una meta común. Al mismo tiempo, para asegurarse de que avanzan en dicho cometido, podrían usar encuestas para evaluar los nuevos comportamientos requeridos por los líderes; por ejemplo: fomentar la toma de riesgos, construir confianza entre los miembros del equipo, así como eliminar barreras (culturales, geográficas, diferencias horarias, entre otras) para el compromiso.

ROLES

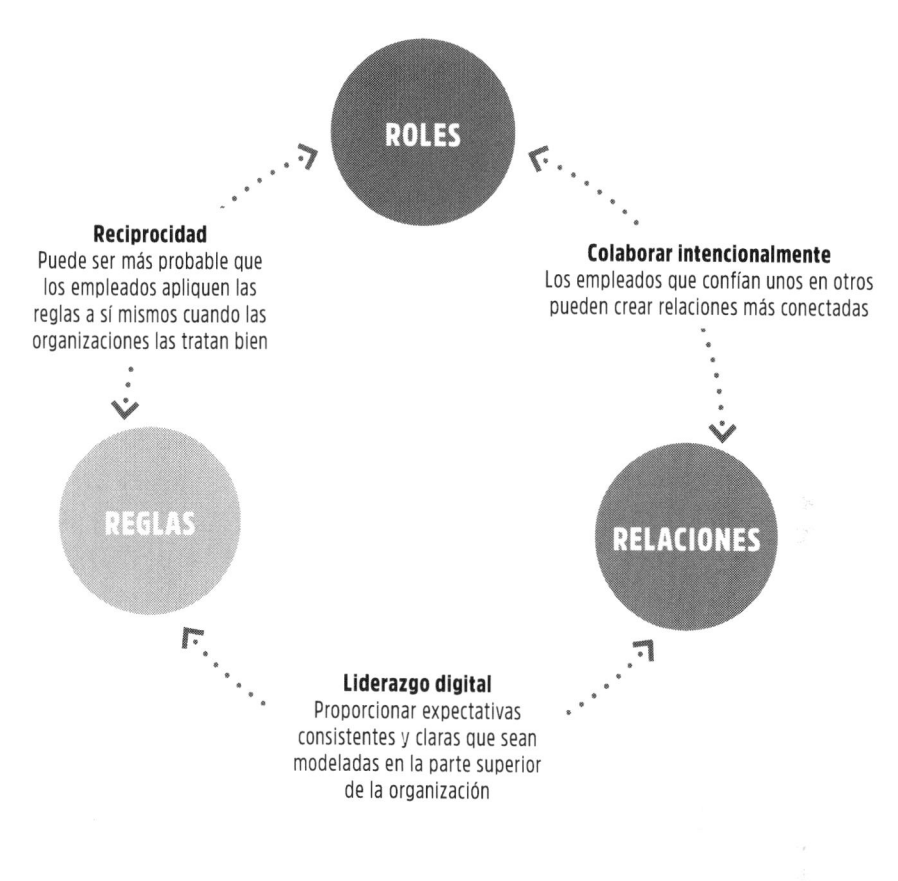

Reciprocidad
Puede ser más probable que los empleados apliquen las reglas a sí mismos cuando las organizaciones las tratan bien

Colaborar intencionalmente
Los empleados que confían unos en otros pueden crear relaciones más conectadas

REGLAS

RELACIONES

Liderazgo digital
Proporcionar expectativas consistentes y claras que sean modeladas en la parte superior de la organización

13. Las tres R de la responsabilidad fortalecidas
(basado en Deloitte Insights, "Fewer sleepless nights.
How leaders can build a culture of respon-sibility in a digital age", 2017)

El mundo digital pone por delante desafíos que, como hemos visto, pueden comenzar a resolverse haciendo a los empleados responsables gracias al fortalecimiento de roles, reglas, y relaciones, haciendo más accesibles las interrelaciones en una organización digitalizada o que está en camino a digitalizarse.

Finalmente, en esta búsqueda de propósito, podríamos tener que hacer frente a una decisión de dejar la compañía. En esos casos podría ser valioso abrir las puertas para que ese empleado valioso y talentoso se vaya y, como lo sugieren Ferrazi y Clementi[4], se conviertan en «embajadores de la marca empleadora», pero con la perspectiva de que eventualmente regresen, convirtiéndose en «empleados *boomerang*», trayendo nuevos conocimientos y renovadas experiencias.

Este espíritu de puertas abiertas podría constituirse en la máxima demostración de que los empleados realmente son importantes para la compañía. Tan importantes que, si alguno de ellos cree firmemente que dejar la compañía en un momento determinado significará un crecimiento profesional y la compañía no está en condiciones de darle esa oportunidad, deberían optar por dejarlos ir. Si esto ocurre, lo más seguro es que dicho empleado aprecie esto sobremanera, dejando abiertas las posibilidades de retornar y agregar mucho más valor gracias a las nuevas capacidades adquiridas.

La importancia de la Propuesta de Valor al Empleado

Las perspectivas en torno al desarrollo del Capital Humano en las empresas han ido cambiando mucho en los últimos años, al haber tomado este preponderancia como la principal fuente de valor. Es así como el poder para negociar condiciones laborales y retener al talento se ha movido del lado de las compañías al de las personas, quiénes hoy tienen más oportunidades para decidir en qué compañía prefieren trabajar y cuánto tiempo se quedarán en la misma.

---

4. Keith Ferrazzi and Mike Clementi, «The Great Resignation Stems from a Great Exploration», en Harvard Business Review, junio 2022.

Sin embargo, el aspecto más álgido de la actual realidad radica en el fenómeno denominado «La Gran Renuncia», del cual ya nos ocupamos, el cual se originó en los Estados Unidos de Norteamérica y hoy se ha extendido en casi todo el mundo. El Capital Humano se está moviendo hoy más que nunca, y no solo cambiándose de una empresa a otra; sino que también estos cambios se están dando de roles tradicionales a roles no tradicionales, o renunciando para iniciar emprendimientos, o para ocuparse de asuntos personales o familiares, o simplemente para mejorar su balance de vida.

En el informe de McKinsey de 2022, referido a «La Gran Renuncia»[5], encontraron que la proporción de trabajadores que planeaban dejar sus trabajos se había mantenido en un promedio de 40% desde 2021, lo cual se debía a tres razones fundamentales:

1. Reubicarse. Un gran número de empleados están dejando algunas industrias tradicionales, las mismas que van perdiendo atractivo, para irse con diferentes empleadores en otras industrias más modernas.

2. Reinventarse. Muchos empleados abandonan sus empleos tradicionales para dedicarse a trabajos no tradicionales (temporales, por encargo o a tiempo parcial) o iniciar sus propios negocios.

3. Reevaluarse. Otras personas renuncian no por otros trabajos, sino por las exigencias de la vida: necesitan cuidar a sus hijos, a sus padres o a sí mismos. Muchas de estas personas no volverán nunca más a la vida laboral, reduciendo drásticamente la reserva de talento disponible.

---

5. McKinsey & Company. «The Great Attrition is making hiring harder. Are you searching the right talent pools?», julio 2022.

Por todo ello, hoy se torna indispensable que las compañías entiendan los temas comunes que revelan lo que la gente más valora o no le gusta de un trabajo. Y haciendo ese análisis, McKinsey encontró cinco tipos de personas con diferentes gatillos motivadores a la hora de buscar y decidirse por un empleo:

1. Los Tradicionalistas. Este grupo comprende a personas orientadas a su carrera profesional, preocupados por mantener un balance de vida, pero también dispuestas a hacer concesiones para seguir progresando. Están dispuestas a trabajar presencialmente y a tiempo completo para grandes empresas a cambio de un paquete de compensación y beneficios competitivos, un buen puesto de trabajo, estatus en la empresa y avance profesional; incluso, muchos de ellos se mantuvieron en sus empleos durante estos años turbulentos. Son más fáciles de encontrar a través de estrategias de contratación comunes; sin embargo, cada vez son menos las personas que se ubican en esta clasificación.

2. Los Autónomos. Comprenden a la mayor parte de las personas y se caracterizan por valorar la flexibilidad laboral, el trabajo significativo y la compensación como los principales motivadores para volver a ser parte de la fuerza laboral tradicional. Teniendo en cuenta que ellos anteponen la flexibilidad por encima de todo, podría ser difícil atraer a personas de este grupo si las compañías no están en capacidad de demostrar que su oferta es sincera y tiene detrás una cultura que fomenta la confianza y el liderazgo humano.

3. Los Cuidadores. Este segmento agrupa a personas motivadas por la compensación, pero que también traen consigo otras prioridades para regresar a trabajar: flexibilidad, desarrollo profesional y, sobre todo, apoyo a la salud y al bienestar de los empleados. Son estas las personas que decidieron quedarse en casa luego de concluida la pandemia de Covid-19 para cuidar de alguna persona cercana o de sí mismos. Algunos están buscando trabajo activamente y otros están a la espera de oportunidades atractivas para volver a trabajar, tales como: propuestas de tiempo parcial, semanas laborales de cuatro días, horarios flexibles o paquetes de beneficios ampliados.

4. Los Idealistas. Grupo constituido por jóvenes de entre 18 y 24 años, mayormente estudiantes o trabajadores a tiempo parcial; caracterizados en su mayoría por estar libres de dependientes, préstamos bancarios y otras responsabilidades. Buscan flexibilidad, desarrollo profesional y posibilidades de crecimiento profesional, así como una comunidad de personas confiables y solidarias. Para atraerlos, las empresas, más que ofrecer dinero, necesitan ofrecer flexibilidad y demostrar voluntad de crear una cultura organizacional sólida que enfatice el significado y el propósito.

5. Los Relajados. Este segmento agrupa a personas que, a diferencia de las anteriores, no están buscando trabajo e, incluso, optaron por la jubilación anticipada a raíz de la pandemia de Covid-19. Como ellos ya culminaron su ciclo profesional e hicieron su planeación financiera, es probable que no tengan apremios por volver a tener ingresos derivados de un trabajo estable; sin embargo, a pesar de haberse jubilado, aún están en capacidad de ser productivos. A pesar de que este es el grupo más numeroso de la fuerza laboral latente, las compañías no le han prestado mayor atención, dejando de lado la posibilidad de encontrar un equilibrio adecuado para cubrir sus necesidades de Capital Humano. Sumado a esto, las compañías deberían considerar que, muchos de estos jubilados aceptarían volver a trabajar teniendo en cuenta el menor riesgo a enfermarse y la necesidad de equilibrar sus ingresos, luego de que están viendo reducirse sus ahorros a un ritmo mayor al que previeron a raíz de la inflación creciente en todo el mundo.

Es probable que a los empleadores les gusten más los **tradicionalistas**, porque estos empleados son más fáciles de encontrar a través de estrategias de reclutamiento comunes, y sus necesidades y aspiraciones son fácilmente atendibles dentro de los alcances de los paquetes de compensaciones y beneficios con que las compañías tradicionalmente han atraído y retenido talento. Sin embargo, el estudio en mención advierte los riesgos de gestionar al Capital Humano con estos criterios: cuando una empresa contrata empleados tradicionalistas, la competencia contraataca con ascensos y remuneraciones más altas para tratar de retener y atraer el mismo talento escaso; esto terminará desencadenando un círculo vicioso que alimentará la inflación salarial e incrementará la rigidez de los empleadores y del empleo.

Para encontrar la mejor forma de actuar en este contexto, debemos tener en cuenta que hemos llegado a esta situación por dos razones fundamentales; la primera, derivada del giro radical producido a raíz de la pandemia del Covid-19, en la forma en que los trabajadores ven a sus empleos y a sus empleadores; y, la segunda, originada por las demandas sin precedentes de un mercado laboral en auge que genera cifras récord de puestos vacantes. Frente a ello, las compañías deberían trabajar en sus **Propuestas de Valor al Empleado** para hacer frente a este problema de desgaste-atracción en el mediano y largo plazo.

Esto implicará un abordaje que contenga una Propuesta de Valor para los empleados tradicionalistas, centrándose en los títulos, las trayectorias profesionales, las remuneraciones y beneficios, así como el prestigio general de la empresa. Pero, al mismo tiempo, deberán construir una Propuesta de Valor no tradicional que gire en torno a la flexibilidad, los beneficios para la salud mental y conductual, una cultura empresarial sólida y diferentes formas de progresión profesional; con propuestas mucho más creativas y personalizadas.

En ese contexto se hace prioritario atraer al mejor talento a través de la reputación externa de la compañía como «buen empleador»; pero también es necesario fidelizar al trabajador a través del incremento de la satisfacción, el compromiso, las oportunidades de crecimiento y desarrollo, así como la experiencia en general de trabajar en esa compañía.

Y es precisamente, con esto en mente, que las compañías deberían hacer el ejercicio de definir y hacer conocer sus atributos, para plasmarlos en su Propuesta de Valor al Empleado, la misma que debe constituirse en la promesa dirigida a sus actuales y futuros empleados.

Dicha Propuesta de Valor debe ser auténtica, relevante y diferenciadora, para lo cual será necesario que:

- Se concentre en los receptores y no en los emisores. Los atributos deben ser aquellos que el Capital Humano, y no la compañía, considere valiosos.

- Debe generar, al mismo tiempo, valor a la compañía, creando un impacto positivo en sus clientes y públicos de interés.

- Debe estar orientada a ofrecer una experiencia excepcional al Capital Humano, en cualquier puesto o área donde trabaje.

- Debe ayudar a las áreas de Capital Humano a mejorar continuamente sus procesos y su «oferta» en general, combinando las necesidades del negocio con las aspiraciones de los trabajadores.

- Debe alinear, desde una perspectiva única y potente, los mensajes a actuales y futuros trabajadores, teniendo en cuenta que las razones para incorporarse a una empresa pueden ser muy diferentes a las razones para quedarse o irse de la misma.

Respecto al contenido de la Propuesta de Valor, esta debe transmitir en palabras lo que significa y representa la experiencia única que se vive al interior de la compañía; por lo cual debe reflejar los atributos que la compañía realmente posee y por los que realmente destaca en el mercado como un empleador de elección.

Y en este contexto, como ya lo hemos dicho, será necesario ir más allá de los temas tradicionales: condiciones de trabajo, recompensas y reconocimientos, oportunidades de desarrollo, ambiente laboral, entre otros. Esto, sobre todo, luego de que la pandemia del Covid-19 se convirtió en un punto de inflexión que nos hizo reflexionar acerca de la necesidad de ser considerados como personas antes que solo como trabajadores. Y esto debido a que el trabajo es una dimensión más en nuestra vida; así como lo son la familia y los diferentes grupos sociales a los que pertenecemos.

Precisamente, la consultora Gartner, en su informe *Reinventar la propuesta de valor para los empleados: el trato humano*[6] recomienda evolucionar la gestión de la Propuesta de Valor al Empleado para ofrecer un trato más humano, proporcionando una mejor experiencia de vida, centrada en los sentimientos y necesidades de los empleados; lo cual podría llevarse a cabo a través de cinco categorías, cada una con atributos específicos a trabajar:

1. Conexiones más Profundas: Hacer posible que los empleados se sientan comprendidos, ayudándoles a ser ellos mismos y a mantener sus conexiones personales, familiares y sociales. Los atributos por trabajar para hacer esto posible debieran ser: camaradería, ambiente colaborativo, inclusión y diversidad, calidad del liderazgo y soporte a las familias.

2. Flexibilidad Radical: Hacer sentir a los empleados que pueden ser autónomos, dándoles flexibilidad para decidir dónde, cuándo, cuánto, cómo y con quién trabajan; y todo esto tratando de abarcar a la mayor cantidad de puestos y funciones posibles. Los atributos a los que hay que prestar especial atención son: lugar de trabajo, trabajo innovador, posibilidad de tomar riesgos, balance de vida y espacio de trabajo.

3. Crecimiento Personal: Hacer que los empleados se sientan valorados brindándoles oportunidades de crecimiento personal y profesional. En este punto, las compañías deberían prestar especial atención a atributos tales como: desarrollo profesional y personal, oportunidades profesionales presentes y futuras, alineación de intereses laborales.

---

6. Gartner. «Reinventing the Employee Value Proposition: The Human Deal». 21 May 2021.

4. Bienestar Integral: Poner al alcance de todos los trabajadores una oferta diversa y, al mismo tiempo, segmentada de bienestar integral (físico, financiero y emocional), asegurándose de que los beneficios sean realmente utilizados. Los atributos a tener en cuenta en esta categoría deberían ser: recompensa y reconocimiento, beneficios de salud, beneficios de jubilación, vacaciones, estabilidad organizacional, ofertas de bienestar.

5. Propósito Compartido: Hacer que los empleados se sientan involucrados y representados en las iniciativas de la organización frente a cuestiones sociales y culturales. Aquí habrá que trabajar en atributos tales como: propósito del trabajo, responsabilidad social y ambiental, ética e integridad.

Después de todo lo expuesto, el camino más razonable a tomar correspondería con el de una Propuesta de Valor al Empleado que balancee temas como las ofertas tradicionales (compensaciones y beneficios, lugar y ambiente de trabajo, horarios flexibles y sistemas híbridos) con oportunidades de crecimiento y desarrollo, incluyendo los temas de responsabilidad social[7] así como los relacionados con el propósito de la organización.

Finalmente, el gran reto será traducir esta Propuesta de Valor en una Marca Empleadora que establezca claramente lo que diferencia a nuestra compañía de las otras organi-

---

7. Las iniciativas de responsabilidad social han comenzado a ser identificadas bajo el término ESG (*Enviromental, Social and Governance*), el cual se refiere a factores ambientales, sociales y de gobierno corporativo que se tienen en cuenta a la hora de invertir en una empresa. Si bien es cierto, este concepto se aplica a posibles inversionistas de una compañía, en mi opinión podría ser perfectamente aplicable como parte de una estrategia de atracción y fidelización de Capital Humano y, como tal, debería formar parte de la Propuesta de Valor al Empleado.

zaciones con las que competimos por talento y que refleje, con claridad y extrema transparencia, lo que representa la experiencia de trabajar con nosotros.

En un artículo publicado en HBR[8], el experto en *employer branding*, Bryan Adams, destaca los tres componentes principales que debe tener una buena marca empleadora:

1. Reputación. La cual se basa en percepciones que se permean a través de las redes sociales, las mismas que serán tomadas en cuenta por los potenciales empleados de una compañía antes de solicitar un trabajo o aceptar una oferta y que podrán ser evaluadas a través del criterio de «las tres C»:

- Primera C: **Catalizador de Carrera**. El candidato evalúa si tiene posibilidades reales de crecimiento y desarrollo continuos dentro y fuera de la compañía.

- Segunda C: **Cultura**. Aquí se evaluará si el entorno de trabajo refleja un apego a las creencias y valores de la compañía.

- Tercera C: **Ciudadanía**. En este punto se tomará en consideración la valoración que se da al impacto de la compañía en la comunidad y la sociedad en general.

Esta reputación habrá que construirla en función a las preferencias de los candidatos y empleados ideales; por lo que habrá que identificar los tipos de empleados que la compañía necesita para ejecutar su estrategia, estudiando sus motivaciones con la misma rigurosidad con la que se busca conocer a los clientes.

2. Proposición. Esto implica que deben quedar claramente definidas las obligaciones y ganancias de cada parte fruto de la relación empleador–empleado. Este

---

8. Adams, Bryan. «Make Your Employer Brand Stand Out in the Talent Marketplace», en Harvard Business Review, febrero 2022.

«dar y recibir» consolidará la reputación de la compañía, siempre y cuando garantice que los beneficios y recompensas que ofrece están acordes con las expectativas y resultados esperados.

Lo importante en este punto es que el candidato o empleado vea que el esfuerzo que se le pide (que, incluso, podría significar: trabajo arduo y prolongado, así como un desempeño por encima del promedio) realmente vale la pena y es recompensado adecuadamente, en relación con el nivel de exigencia.

3. **Experiencia.** Depende directamente de la capacidad de la compañía para cumplir con su Propuesta de Valor al Empleado y está claramente relacionada con lo que representa para el Capital Humano la experiencia, vista en 360 grados, de trabajar en esa organización. De ella nos ocuparemos en detalle en el siguiente tópico.

Lo que debería quedar claro es que, en el actual contexto híbrido y cambiante, ya no basta con ofrecer experiencias lúdicas (salas de juego u oficinas colaborativas, por ejemplo) o sociales (almuerzos y comidas servidas o festejos en el lugar de trabajo). Si realmente queremos marcar la diferencia como empleadores, necesitamos ofrecer experiencias integrales que resalten el «trato humano»[9], la posibilidad de un trabajo realmente flexible, así como posibilidades reales de crecimiento y desarrollo.

---

9. Término basado en el concepto *Human Deal*, desarrollado por Gartner, el cual supone ir más allá de la tradicional Propuesta de Valor, buscando generar una nueva relación, más humana, entre la organización y sus trabajadores. Para ello será necesario considerar que los empleados son personas y no solo trabajadores, debiendo las organizaciones preocuparse por ellos de manera holística, por su vida en su conjunto. (Tomado de: Garner. «The Human Deal Is Everyone's Deal». Refreshed 11 November 2022, Published 24 May 2021).

La gestión de la Experiencia del Empleado para fortalecer el compromiso

Tradicionalmente, el concepto de **compromiso** fue asociado por las empresas con el de «permanencia»; por ello, desde hace aproximadamente cinco décadas, se utilizan las denominadas «encuestas de clima y compromiso», mediante las cuales se monitorean las percepciones de sus empleados y su nivel de satisfacción, con la finalidad de relacionarlas con su intención de permanecer en la empresa.

Sin embargo, esta acepción podría resultar anticuada en el actual contexto postpandemia, caracterizado por fenómenos como «La Gran Renuncia» o «La Renuncia Silenciosa», donde el trabajo va dejando de ser visto como un medio de superación personal y de permanente sujeción a un único empleador. Por ello, se hace necesario que el alcance del término **compromiso** se relacione más con el propósito de su función y el de la compañía misma, durante el tiempo que dure su permanencia en la organización, lo cual permitirá determinar si los empleados están en capacidad (o no) de agregar valor al negocio.

Una de las definiciones más completas de compromiso es, desde mi punto de vista, la que exponen Meyer y Allen[10], en su modelo de tres dimensiones del compromiso organizacional: el compromiso afectivo, normativo y de continuidad. Este modelo luego evolucionó gracias al profesor Christian Vandenberghe[11], refiriéndose a un fuer-

---

10. Meyer, J., & Allen, N. «A three component conceptualization of organizational commitment», en Human Resource Management Review, primavera de 1991.

11. Christian Vandenberghe es profesor en la Escuela de Altos Estudios Comerciales de Montreal – HEC, institución independiente de negocios

te vínculo psíquico entre el individuo y la organización, el cual se hace patente en cualquiera de las siguientes tres dimensiones:

1) Un **vínculo emocional** que se materializa a través de un apego hacia la compañía, gracias al cual el trabajador hace suyos los valores y principios de esta.

2) Un **vínculo moral**, relacionado con un sentido del deber o de una obligación hacia el empleador. Este tipo de vínculo era característico de las generaciones anteriores, que buscaban desarrollar una carrera profesional larga y estable dentro de la organización.

3) Un **vínculo calculado**, originado por el valor económico que representa el permanecer en una compañía, teniendo en cuenta su compensación y los beneficios asociados.

Por supuesto que, de los tres vínculos, el emocional es el más fuerte y el que más impacta en el buen desempeño. Por ello, para las organizaciones, debería ser una prioridad mantener en alto este compromiso; teniendo en cuenta que:

- Existe una correlación directa entre compromiso y **productividad**, gracias a lo cual será posible que un trabajador comprometido sea capaz de dar siempre la «milla extra».

- Hay una relación directa entre el compromiso y la **lealtad** hacia la organización, lo que llevaría a inferir que, cuanto más comprometido se sienta un trabajador, es posible que decida permanecer más tiempo con su actual empleador.

---

afiliada a la Universidad de Montreal, donde tiene a su cargo una importante investigación dedicada al vínculo entre compromiso y rendimiento en el trabajo.

Por todo ello, hoy se hace necesario que las compañías evolucionen sus «programas de escucha» con mediciones que vayan más allá de la motivación, incorporando conceptos como la Experiencia del Empleado. Con esto podrán incorporar en la medición factores que no se miden en una encuesta de clima tradicional, tales como: bienestar, diversidad e inclusión y evaluación de los principales «momentos que importan» durante la permanencia del empleado en la compañía.

Si hablamos de experiencia del empleado, debemos entender los antecedentes de este término, los mismos que se remontan a 1998, año en el que Joseph Pine y James Gilmore introducen el concepto de «economía de la experiencia»[12]. Esta se traducía en un nuevo imperativo para las compañías: propiciar acontecimientos y eventos, así como brindar productos y servicios memorables, generando una experiencia positiva, para que los clientes dejen de ser consumidores pasivos y comiencen a interactuar de forma más sensitiva y emocional con aquello que se les ofrece. De esta forma, la experiencia pasaría a convertirse en el principal motivador que influye en la toma de decisiones.

Fue de esta manera que muchas compañías en el mundo comenzaron a entender que el buen manejo de la Experiencia del Cliente podía constituirse en una apreciable ventaja competitiva y un diferenciador clave en el mercado. Y fue así que el concepto se trasladó al ámbito interno de las compañías, para medir la experiencia de los clientes internos, es decir de los empleados.

Hoy en día sabemos que, así como una buena experiencia del cliente impacta en los resultados de la compañía, una buena experiencia del empleado contribuye a que la

---

12. B. Joseph Pine II & James H. Gilmore, «The Experience Economy: Work is Theather and Every Business a Stage», 1998.

compañía se convierta en un imán para el talento, logrando atraer, fidelizar y desarrollar el máximo potencial del Capital Humano.

La experiencia del empleado, en consecuencia, no es otra cosa más que el resultado de las interacciones de una persona con una compleja red de puntos de contacto humanos, digitales y físicos que colectivamente crean una experiencia de trabajo de principio a fin[13], la cual se manifiesta a través de un ecosistema que ayuda a visualizar la interacción de personas, herramientas, servicios y contexto desde la perspectiva del Capital Humano:

- **Factores externos**. Los cuales, la mayoría de las veces, están fuera del control de la organización, como la marca de la empresa, la familia y los amigos y las redes sociales.

- **Las cosas**. Que pueden ser físicas o digitales y tienen que ver con aquellos puntos de contacto que el empleado toca físicamente o la tecnología con la que interactúa, como su equipo de oficina, *chatbots* o plataformas de aprendizaje.

- **Los humanos**. Relacionados con las interacciones que los empleados tienen con otras personas, ya sea su reclutador, su gerente actual o miembros del equipo.

Para mejorar la experiencia de los empleados, las compañías deberían centrarse en la calidad de dichas interacciones. Precisamente, con ese fin, la compañía Qualtrics, especializada en la medición de la experiencia del cliente y la experiencia del empleado, ha identificado cinco in-

---

13. Insight222 & TI People. «Demonstrating the Business Value of EX. A New Value Chain for Employee Experience», 2022.

dicadores de desempeño (KPI) y 25 factores que pueden impulsar la experiencia del empleado[14].

Los indicadores de desempeño, que buscan indagar acerca de la eficacia con que la compañía maneja aspectos fundamentales para la experiencia del empleado, son los siguientes:

1. Compromiso. El cual mide la probabilidad de que los empleados recomienden a la compañía, así como la voluntad de esforzarse más allá de las responsabilidades y la sensación de logro en el trabajo.

2. Intención de permanecer en la organización. Este indicador, como su nombre lo indica, busca conocer el tiempo que los empleados pretenden permanecer en la compañía.

3. Experiencias versus expectativas. Es útil para conocer en qué medida se están cumpliendo las expectativas laborales de los empleados, para determinar en qué aspectos la compañía supera o cumple con las expectativas y en cuáles no llega a cumplirlas.

4. Inclusión. Evalúa aspectos como pertenencia, autenticidad y equidad, como base de una cultura laboral positiva orientada a la innovación y productividad, capaz de fidelizar al talento.

5. Bienestar. Indicador muy crítico en estos tiempos postpandemia, relacionado con un entorno laboral que favorezca el bienestar, para lo cual mide la energía, la positividad y las relaciones, cuidando de que los empleados no sufran agotamiento y no tengan problemas de baja productividad.

---

14. Qualtrics LLC. «La guía para diseñar un programa completo de experiencia del colaborador», 2022.

Respecto de los factores que impulsan la Experiencia del Empleado, Qualtrics menciona los siguientes:

- **Autoridad y empoderamiento**, entendidas como la autonomía para realizar el trabajo.
- **Colaboración** íntimamente relacionada con el trabajo colaborativo.
- **Comunicación abierta.**
- **Responsabilidad Social Empresarial** (RSE), relacionada con la promoción de causas sociales y esfuerzos para la mejora de la sociedad.
- **Enfoque en el cliente**, medido en función al sentimiento de orgullo que generan sus productos o servicios.
- **Ética**, relacionada con la integridad y la determinación de hacer negocios en forma correcta.
- **Crecimiento y desarrollo**, medido por las oportunidades de crecimiento profesional y por la posibilidad de crecer como personas.
- **Capacidad de innovar.**
- **Representación de los valores**, relacionado con la demostración de que los valores realmente se viven y se ponen en práctica en el día a día de la compañía.
- **Gestión del cambio**, la cual tiene que ver con la capacidad de adaptarse ágilmente a nuevas condiciones de mercado, nuevos competidores u otras modificaciones externas.
- **Salario y beneficios**, como un elemento para que los empleados se sientan valorados y apreciados por su contribución a la compañía.
- **Desempeño y responsabilidad**, relacionado con la claridad en las expectativas de desempeño y responsa-

bilidad, así como con la transparencia al momento de evaluar el desempeño y en la posibilidad de que todos tengan oportunidades para mejorar su desempeño.

- **Seguridad psicológica**, caracterizada por la existencia de un entorno seguro para que los empleados puedan expresar sus opiniones.

- **Reconocimiento.**

- **Recursos**, medidos por el grado de satisfacción de los empleados respecto de los recursos puestos a su alcance para realizar su trabajo.

- **Respeto**, como sostén de una cultura saludable.

- **Ajuste de la función**, relacionado con la percepción de los empleados respecto del valor de su puesto para la compañía.

- **Seguridad**, factor que cobra extrema importancia en el contexto postpandemia.

- **Alineación estratégica**, medida a través del entendimiento por parte del empleado de la estrategia del negocio y de la alineación de su puesto o función con la misma.

- **Seguimiento de las encuestas**, que evalúa el grado de confianza de los empleados en que los resultados de las encuestas son tomados en cuenta y se usa para realizar mejoras.

- **Capacitación.**

- **Confianza en el equipo de liderazgo**, a sabiendas de que se toman las decisiones correctas para asegurar el éxito de la compañía.

- **Confianza en el jefe inmediato**, la cual debe generar transparencia y claridad en las expectativas, siendo la base para desarrollar relaciones sanas y duraderas.

- **Equilibrio** entre el trabajo y la vida privada.
- **Procesos laborales**, en función de si son burocráticos o, en el otro extremo, insuficientes y/o confusos.

Integrados, los KPI y los factores quedarían de la siguiente forma:

FACTORES QUE IMPULSAN LA EX					KPI de EX
Indicador trimestral					
Autoridad y empoderamiento	Colaboración	Comunicación	Gestión del cambio	Desempeño y responsabilidad	Compromiso
Seguridad psicológica	Reconocimiento	Recursos	Respeto	Ajuste de la función	Experiencia vs. expectativas
Seguridad	Seguimiento de las encuestas	Confianza en el equipo de liderazgo	Confianza en el gerente	Equilibrio entre el trabajo y la vida privada	Intención de permanecer en la organización
Indicador semestral					
RISE	Enfoque en el cliente	Ética	Crecimiento y desarrollo	Innovación	Inclusión
Representación de los valores	Salario y beneficios	Alineación estratégica	Capacitación	Procesos laborales	Bienestar

14. Los KPI's y los factores que impulsan la experiencia del empleado
(Basado en: Qualtrics LLC. "La guía para diseñar un programa completo de experiencia del cola-borador", 2022)

Este enfoque permite que las organizaciones cuenten con elementos para entender, de forma integral, las oportunidades de mejora de la Experiencia del Empleado y reconocer los aspectos a trabajar para mejorarla. Asimismo, define como criterio clave que si se quiere modificar un KPI no se podrá hacer de forma directa, sino actuando en cada uno de los factores que los impulsan.

Finalmente, Qualtrics define tres instancias para generar cambios a partir de las opiniones de los empleados:

1. Bucle externo, el cual comprende cambios de procesos estratégicos y transversales a toda la organización.

2. Bucle interno, relacionado con cambios más pequeños y tácticos que se generan al interior de los equipos de trabajo o áreas de la compañía.

3. Bucle cerrado, referidos a medidas que se toman en el momento, relacionadas con acciones puntuales para corregir alguna situación no esperada en algún líder o empleado en particular.

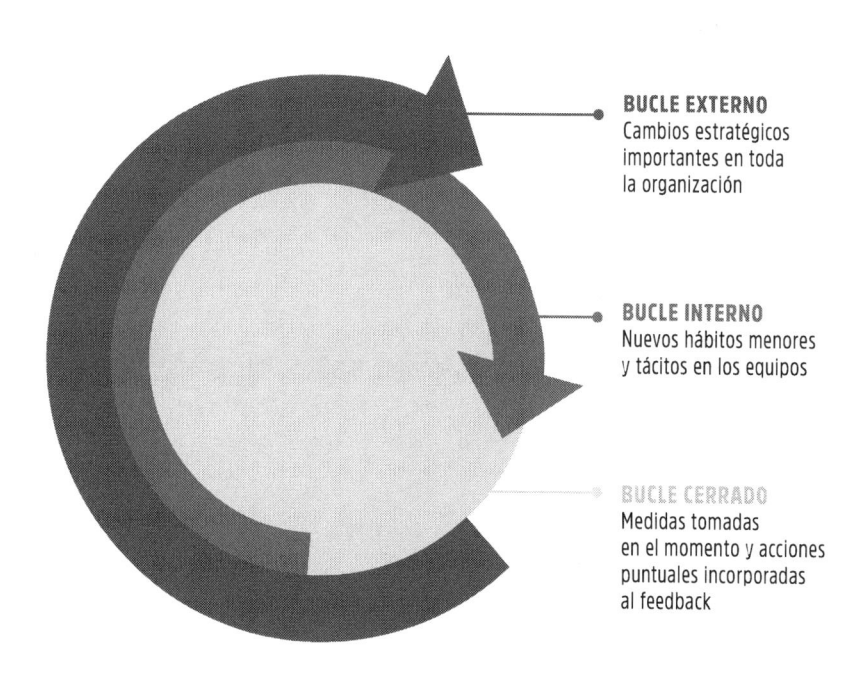

BUCLE EXTERNO
Cambios estratégicos importantes en toda la organización

BUCLE INTERNO
Nuevos hábitos menores y tácitos en los equipos

BUCLE CERRADO
Medidas tomadas en el momento y acciones puntuales incorporadas al feedback

15. Formas de generar cambios a partir del feedback de los empleados (Basado en: Qualtrics LLC. "La guía para diseñar un programa completo de experiencia del cola-borador", 2022)

Las compañías *Insight222* y *TI People*, condujeron un estudio en 2022 para demostrar el valor que agrega una buena experiencia del empleado a los negocios[15], siendo una de sus primeras conclusiones que, de lo que realmente se trata la gestión de la experiencia del empleado es de mejorar el trabajo para el individuo y generar más valor para el negocio, todo al mismo tiempo. Para alcanzar ambos objetivos, las compañías deberían poder demostrar el valor que una buena experiencia del empleado ofrece al negocio a través de resultados observables y mensurables, para lo cual la recopilación de datos que demuestren la conexión entre la experiencia del empleado y los resultados comerciales es esencial.

En este informe plantean un modelo de cuatro etapas, denominado *La Cadena de Valor de la Experiencia del Empleado*, para comprender el impacto empresarial de la experiencia de los mismos:

1. El punto de origen: que comprende las experiencias que ocurren y las percepciones que se crean cuando los individuos interactúan con la organización en su trabajo diario.

2. El impacto de las experiencias mejoradas, gracias a una buena gestión de la experiencia del empleado, tanto en el desempeño como en el compromiso de los empleados.

3. El impacto de la mejora del desempeño y el compromiso de los empleados para que la compañía alcance los resultados esperados, medido en función a la experiencia del cliente, los costos laborales y los costos operativos.

4. El impacto de un mejor desempeño empresarial en los resultados financieros.

---

15. Insight222 & TI People. «Demonstrating the Business Value of EX. A New Value Chain for Employee Experience», 2022.

Este modelo parte de la premisa de que, cuando los empleados realizan sus actividades diarias en el trabajo, interactúan con el ecosistema de la organización a través de puntos de interacción humanos, digitales y físicos. Si estas interacciones de los empleados con la organización no se ven alteradas por fricciones o frustraciones, la percepción generalizada apuntará a que la experiencia es buena. Si esto ocurre, la primera consecuencia debería ser una mejora en el desempeño, ya que la ausencia de fricciones hará posible que los empleados tengan más tiempo y energía para abocarse a trabajos de mayor valor agregado. Al final, todo ello debería redundar en un incremento significativo del compromiso, convirtiéndose en un círculo virtuoso.

Como puede verse, el buen uso de los datos resulta primordial para este proceso, ya que ayudarán a las organizaciones a comprender mejor y priorizar los esfuerzos de mejora de la experiencia del empleado, dando preponderancia a las intervenciones en procesos que tengan impacto en el desempeño de la compañía.

Mis conclusiones

- Gestionar al Capital Humano en esta época en la que no solo estamos inmersos en una permanente digitalización de nuestros procesos e interacciones, sino en la que, además, formamos parte de la llamada Economía de la Experiencia, implica el desafío de reinventar nuestros procesos e incorporar otros nuevos, diversificando nuestra función como gestores de personas.

- Es importante asegurarnos de que los empleados sepan con claridad por qué su puesto y función son importantes para la compañía y a qué procesos y resultados contribuye, lo cual supone ir más allá de las convencionales descripciones de puestos. Esto, teniendo en cuenta de que los empleados que conocen su propósito se sienten motivados por sí mismos, más satisfechos laboralmente y están siempre dispuestos a hacer un esfuerzo adicional.

• Por otro lado, luego de fenómenos como «la gran renuncia» o «la renuncia silenciosa» se hace necesario atacar de plano los problemas de desgaste-atracción. Para ello, las compañías deberán definir una Propuesta de Valor, la misma que debe constituirse en la promesa dirigida a sus actuales y futuros empleados, la cual debe ser auténtica, relevante y diferenciadora. También es recomendable que dicha propuesta ofrezca una experiencia de vida centrada en los sentimientos y necesidades de los empleados.

• Del mismo modo, se debe prestar atención a mantener muy en alto el compromiso del Capital Humano, para lo cual será necesario medir y gestionar la Experiencia de Empleado; es decir, el resultado de las interacciones de una persona con una red de puntos de contacto humanos, digitales y físicos. Lo que se busca es generar mayor valor para el negocio sobre la base de empleados que están motivados y tienen una experiencia satisfactoria en el día a día. Cuando el proceso madure será posible recopilar datos que demuestren la conexión entre la experiencia del empleado y los resultados del negocio.

LIDERAR AL CAPITAL HUMANO

6

«Un líder es como un pastor. Se queda detrás del rebaño dejando que los animales más hábiles caminen adelante, mientras todos los demás los siguen sin darse cuenta de que en realidad están siendo dirigidos desde la retaguardia».

—Nelson Mandela

El liderazgo es una condición asociada a la naturaleza gregaria humana, que debió haber surgido naturalmente en las primeras comunidades durante los albores de la civilización, personalizado en individuos con mayor capacidad de influencia que asumían el rol de guías, organizadores y defensores de sus grupos.

Este liderazgo «natural» progresivamente fue transformándose en un liderazgo «político» con el nacimiento de las grandes civilizaciones, asumiendo un rol de administradores y defensores de la población, así como de las diversas comunidades que iban incorporando o anexando.

Progresivamente fueron ganando cada vez más poder y autoridad, llegando incluso a ser venerados o a ser divinizados, lo cual devino inevitablemente en el surgimiento de verdaderos déspotas y tiranos que usaron el poder para explotar, esclavizar y enriquecerse.

Los orígenes del liderazgo

En el mundo empresarial, el liderazgo, tal como lo conocemos, aparece junto con el nacimiento de la empresa moderna, en la segunda mitad del siglo XIX, al constituirse estas empresas como organizaciones burocráticas, cuya forma jurídica más característica es la sociedad anónima. A diferencia de las empresas tradicionales (dirigidas por sus propietarios por tratarse de una sola unidad operativa para producir un tipo de producto o dar solo un servicio), las empresas modernas comienzan a integrar varias funciones y a combinar la producción con la distribución a gran escala. Al tratarse de empresas más grandes y complejas, comenzaron a requerir jefes o gerentes asalariados, con mayor o menor especialización, para hacerse cargo de los diferentes procesos productivos, logísticos o administrativos.

Esta es la génesis de la llamada *administración burocrática*, en la que se comenzaron a configurar tres estilos de gerenciamiento que Max Weber[1] describió de la siguiente manera:

- Organización **orientada al líder**, en la cual los miembros actúan como súbditos leales al dirigente, manteniendo su puesto en función a las decisiones de este; y, por ende, no hay delegación alguna porque todas las decisiones están concentradas en el líder.

---
1. Max Weber, «The Theory of Social and Economic Organization». New York, Oxford University Press, Inc., 1947).

- Organización **tradicional o hereditaria**, en la cual los puestos se transmiten de una generación a otra, educando a los miembros de la familia de acuerdo con el cargo que le toque heredar.

- Organización **burocrática**, en la que la delegación de responsabilidades administrativas está basada en juicios razonables y los puestos de jefatura o gerencia se asignan por meritocracia.

Es en este momento que la organización burocrática adquiere una forma piramidal, para representar la jerarquía y la responsabilidad. Las personas con más alto nivel en la pirámide tienen mayor autoridad y responsabilidad que las ubicadas en los niveles inferiores y, además, están más cerca del jefe máximo (el que está en la cima de la pirámide).

Durante mucho tiempo, la finalidad primordial de los directivos de una organización se limitaba a asegurarse de que los procesos de las empresas sean más eficientes. No fue sino hasta inicios del siglo XX en que se comenzaron a introducir conceptos referidos al lado humano de la gestión empresarial. Es aquí donde surge la figura de Mary Parker Follett[2], llamada con justicia «la madre de la admi-

---

2. Mary Parker Follett nació en 1868 en Massachusetts en Estados Unidos y fue más conocida por su segundo apellido. Sobreponiéndose a la renuencia a aceptar estudiantes mujeres, logró cursar estudios en el anexo de la Universidad de Harvard, graduándose como summa cum laude, para luego estudiar un doctorado en París. A su regreso a Estados Unidos se dedicó al trabajo social, además de consultora y escritora; proponiendo un sistema de administración más humanista y menos mecánico, oponiéndose frontalmente a las teorías entonces imperantes como la división de tareas impulsada por Frederick Taylor y la gestión de cadenas de trabajo aplicada por Henry Ford. Falleció en Boston en diciembre de 1933, a los 63 años, como consecuencia del cáncer.

nistración moderna», como una de las pioneras en proponer un sistema de administración participativo e integrador, algo totalmente revolucionario para la época.

Su aporte, a mi juicio injustamente no reconocido ni difundido, sentó las bases para un cambio total en la definición de las reglas de juego de la administración moderna, así como en la construcción de un liderazgo más humano. Su pensamiento podría resumirse en uno de sus dichos: «El liderazgo no se define por el ejercicio del poder, sino por la capacidad de aumentar la sensación de poder entre los dirigidos. El trabajo más esencial del líder es crear más líderes».

Follett propugnaba que, para lograr la integración de un equipo laboral era necesario conocer la realidad de cada trabajador; con ello, el respectivo administrador podría integrar a las personas y coordinar actividades conjuntas.

Otro de sus aportes es lo que ella denominó «ley de la situación»; la misma que, oponiéndose a los principios mecanicistas de Taylor, planteaba que para tomar decisiones o resolver conflictos al interior de las organizaciones, es necesario conocer primero cada uno de sus componentes: participantes involucrados, tiempo, medios disponibles, entre otros. En este contexto el rol del líder se debería enfocar en:

• Descubrir y desarrollar el talento y las capacidades de cada uno de los trabajadores de su equipo con el fin de lograr una mayor contribución individual.

• Integrar a los trabajadores de su equipo y cohesionar a los diferentes equipos, haciéndolos sentir que son parte de un equipo más grande que trabaja unido para alcanzar los objetivos de la organización.

Con el tiempo fueron sucediéndose diferentes corrientes que trataban de definir al liderazgo en base a ciertos elementos característicos. Una de estas primeras tendencias, surgida de la visión taylorista de la dirección, se enfocaba en los rasgos psicológicos propios de los líderes eficaces. Posteriormente, a mediados del siglo XX, aparecieron las teorías del doble factor, reforzadas por los estudios de Elton Mayo, que definían dos tipos de líderes:

- Los **orientados a la producción**: más autoritarios y reacios a la delegación.

- Los **orientados a los trabajadores**: más propensos a otorgar más participación a los trabajadores en la búsqueda de alternativas y toma de las decisiones.

En la década de 1960, con la aparición de la electrónica y la tecnología de la información, se impuso la necesidad una fuerza laboral mucho más calificada, la cual puso por delante nuevos desafíos a los líderes. Al complejizarse los problemas y la toma de decisiones, así como la gestión de equipos de trabajo mejor preparados, los líderes comenzaron a requerir nuevas habilidades. Es aquí donde aparece el **Liderazgo Situacional**, que antepone la situación a las características del líder, teniendo este que adaptar su estilo en función al momento y a las circunstancias y contexto de este.

La revolución de la información y la tecnología digital, que inició a finales del siglo XX y se aceleró durante la pandemia de Covid-19, trajo cambios radicales en la forma de entender, administrar y dirigir los negocios, así como en el liderazgo. La gran mayoría de teorías acerca del liderazgo que se gestaron y tuvieron vigencia durante el siglo pasado, han devenido en obsoletas. Sin embargo, hay una concepción del liderazgo que no solo se mantiene, sino que ha cobrado inusitada relevancia en el nuevo mundo del trabajo; y esa es precisamente la que Mary Parker Follett definió hace más de un sigo: la del **Liderazgo Humano**.

Liderar en tiempos de incertidumbre

El líder debe transformar e innovar siempre y en todo momento, esa es su misión, sobre todo en el mundo cambiante en que vivimos. Esto implica que todo líder debe convertirse en el adalid de la innovación; de lo contrario, solo estaría administrando el hoy para que sea el mismo mañana. Implica, además, una mirada puesta en el futuro, siempre incierto y desconocido, para ver como anticiparse y estar un paso adelante, a pesar de la incertidumbre. Y eso, lo sabemos de sobra, no es nada fácil.

El liderazgo del siglo XXI tiene características especiales que lo hacen diferente; esto teniendo en cuenta que los contextos pueden ser ambiguos y las soluciones con las cuales responder pueden variar según la naturaleza del problema. Por ello, antes que hablar de modelos de liderazgo, prefiero hablar del rol que le toca jugar al líder en este mundo del conocimiento, de los datos, de lo digital, de lo incierto e impredecible.

Ya hemos comentado que gran parte de los sistemas de gestión actuales provienen de la segunda revolución industrial y están relacionados con la producción en masa; por ello, lo que buscan es lograr la ejecución más eficiente posible. La profesora de *Harvard Business School*, Amy Edmondson[3], define ejecución como la producción y entrega eficientes, puntuales y sostenidas de bienes y servicios. Afirma, además, que a lo largo del siglo XX el principal de-

---

3. Amy C. Edmonson, «The Competitive Imperative of Learning», en Harvard Business Review, julio – agosto, 2008.

safío que enfrentaron los ejecutivos fue controlar la variabilidad; gracias a ello, los sistemas de gestión centrados en la ejecución lograron transformar el trabajo personal, impredecible y caro, en brillantes modelos, económicos y uniformes, de producción en masa.

Este fue el mundo de los negocios «como de costumbre»[4], en el cual la fórmula del éxito consistía en conocer el contexto y anticipar los escenarios; luego, con esa base, construir un plan operativo de negocios, el cual había que seguir rigurosamente, controlando que todas las actividades se ejecuten tal cual lo previsto y gastando estrictamente lo presupuestado. Esta forma de ejecutar, que podría resumirse en cinco verbos: **anticipar, planear, gestionar, ejecutar y cumplir**, resultaba exitosa en un mercado en el cual la posibilidad de grandes cambios o situaciones inesperadas era relativamente baja.

A ese mundo corresponden conceptos como los planes operativos, presupuestos, indicadores de desempeño, retorno sobre la inversión, entre otros; y en ese mundo el desempeño exitoso estaba fielmente relacionado con el estricto cumplimiento de planes y presupuestos.

Pero en la realidad actual, plena de incógnitas, escenarios desconocidos y un sinnúmero de cambios que pueden ocurrir inesperadamente, las variables anteriormente mencionadas simplemente no funcionan, siendo necesario incorporar al mundo de los negocios variables como: descubrir, experimentar e innovar, trayendo nuevos conceptos

---

4. La frase *business as usual* es recurrentemente usada para referirse a situaciones donde no hay cambio, donde todo sigue igual y como siempre, donde todo fluye según la costumbre. Es la frase que corresponde, por ejemplo, a un negocio que se maneja utilizando los procesos de siempre, los que le aseguraron eficiencia y éxito en el pasado y, tal vez, en el presente.

y herramientas como agilidad, *design thinking*, prototipado, indagación, entre otras; así como relacionar el buen desempeño con el aprendizaje rápido y a la innovación.

Lamentablemente, no todas las compañías han evolucionado sus modelos de gestión a esta nueva realidad, y siguen aferradas a tratar de atar la ejecución y el desempeño a factores o indicadores numéricos y absolutos, sin entender que los criterios que hoy son determinantes resultan muy difíciles de supervisar y medir. Al respecto, Edmonson señala factores como la experimentación inteligente, el ingenio, las habilidades interpersonales y la resiliencia ante la adversidad; asimismo anticipa las trampas de autosabotaje en las que pueden caer estas organizaciones:

- **La información y las ideas realmente importantes no llegan a los niveles directivos.** Esto porque para los trabajadores lo único importante es cumplir con los plazos, indicadores y resultados, y ocultan buenas y malas noticias, así como ideas nuevas; todo ello, debido a la excesiva importancia que le da la compañía al cumplimiento de indicadores en tiempo y en forma.

- **Las personas no cuentan con tiempo suficiente para aprender.** Toda vez que el impacto del aprendizaje se hace evidente, no en el presente, sino en los resultados futuros, las compañías prefieren postergar estas iniciativas de aprendizaje para no afectar el desempeño en el corto plazo.

- **Surgimiento de una competencia interna nociva**, motivada por los premios e incentivos otorgados a las unidades de negocio con mejor desempeño, los cuales no hacen más que desalentar la colaboración entre equipos y el intercambio de ideas y buenas prácticas.

- **Las empresas se creen perfectas**, porque los resultados de su gestión son buenos (bajo los estándares tradicionales), lo cual ciega de alguna manera a sus directivos y los hace sentirse como los verdaderos artífices de ese éxito, impidiéndoles ver otras posibles formas de gestionar al negocio con una visión de futuro.

Queda claro, entonces, que los líderes no deberían dirigir una organización utilizando criterios tradicionales, porque estos tienden a actuar como supresores de la innovación. En este nuevo contexto, lo importante será, como lo describe Edmonson, cambiar el criterio de liderazgo de la compañía: de la ejecución como eficiencia a la ejecución como aprendizaje (ver gráfico 14).

La ejecución como eficiencia VS. La ejecución como aprendizaje

La ejecución como eficiencia	La ejecución como aprendizaje
Los líderes proporcionan las respuestas.	Los líderes fijan la dirección y articulan la misión.
Los empleados siguen instrucciones.	Los empleados (a menudo en equpos) descubren las respuestas.
Se diseñan y establecen procesos laborales óptimos con anticipación.	Se establecen procesos laborales tentativos como punt de partida.
No suelen desarrollarse nuevos procesos laborales; es difícil implementar cambios	Los procesos laborales se desarrollan constantemente; los cambios pequeños -experimentos y mejoras- son un modo de vida.
El feedback suele ser uniireccional (del jefe al empleado) y apunta a corregir ("No lo estás haciendo bien").	El feedback siempre es bidireccional: los jefes frecen feedback como capacitación y asesoramiento; los miembros de los equipos ofrecen feedback referido a lo que aprenden haciendo su (siempre cambiante) trabajo.
No suele ser necesario resolver problemas, no se espera el uso del criterio; los empleados preguntan a los ejecutivos si tienen aguna duda.	Se necesita resolver problemas constantemente, por lo aual se ofrece informacion valiosa para guiar el criterio del empleado.
El miedo (a los jefes o a las consecuencias) suelen ser parte del ambiente aboral y, por lo general, no perjudica en forma significativa la calidad de la ejecución; puede incluso llegar a motivar el esfuerzo y la atención en los empleados que deben realizar una tarea poco desafiante.	El miedo paraliza el proceso de aprendizaje: inhibe la experimentación, disminuye la conciencia respecto de las opciones y desalienta el intercambio y el análisis de ideas, preguntas y problemas.

16. Evolución de la ejecución como eficiencia a la ejecución como aprendizaje
(Basado en: Amy C. Edmonson, "The Competitive Imperative of Learning", HBR)

Liderar la Innovación

En la actual realidad la innovación no debería ser una opción sino un mandato para todas las compañías, porque de ella dependerá su capacidad para seguir siendo competitivas. Por ello se hace necesario que la incorporen a su cultura y construyan la capacidad para innovar de forma continua y permanente.

En un artículo de HBR titulado *Ingenio Colectivo*[5] encontré una frase que me llamó mucho la atención: «los líderes inteligentes, que ya no se muestran como visionarios independientes, reescriben las normas de la innovación». Esto tiene que ver con la necesidad de que los líderes no solamente se preocupen por hacer realidad la innovación y motivar a todos a que lo hagan también, sino más bien con que creen una comunidad que quiera y sea capaz de innovar, preparando el camino para que esto sea parte del ADN de las organizaciones.

Para crear una cultura de innovación, los líderes deberían trabajar en cuatro frentes:

• Generar colaboración a través de un «desacuerdo apasionado». Así llaman los autores a la necesidad de crear un entorno lo suficientemente propicio para que la gente esté dispuesta a compartir sus ideas, pero lo suficientemente conflictivo como para que otras personas talentosas las mejoren y generen, a su vez, nuevas ideas.

• Crear entornos que balanceen la necesidad de improvisación y las realidades de la interpretación. Es decir, trabajar permanentemente con un enfoque de prueba y error para buscar soluciones que incluso resulten ser diferentes de todo lo que nadie imaginaba.

---

5. Linda A. Hill, Greg Brandeau, Emily Truelove, and Kent Lineback, «Collective Genius», en Harvard Business Review, junio 2014.

- Dejar atrás la jerarquía y la necesidad de influir o convencer a otros para integrar ideas, incluso excluyentes, para finalmente crear una opción nueva y mejor.

- Permitir que se desarrollen grandes ideas de personas en todas las partes de la organización y, al mismo tiempo, garantizar que un sentido de urgencia y parámetros claros permitan que realmente se produzca una toma de decisiones integradora.

Por otro lado, para construir un sentido de comunidad cuyos integrantes quieran y sean capaces de innovar permanentemente, los líderes deben prestar especial atención a tres elementos:

1. Propósito. Da identidad colectiva y hace que las personas estén dispuestas a asumir riesgos y realizar el arduo trabajo inherente a la innovación. Responde a la pregunta: ¿por qué estamos aquí?

2. Valores compartidos. Influyen en el pensamiento y la acción individuales y colectivos y permiten que los miembros de la comunidad se pongan de acuerdo acerca de lo realmente importante. Los predominantes son: ambición audaz, responsabilidad hacia la comunidad, colaboración y aprendizaje.

3. Normas del compromiso. Junto con el propósito y los valores, las reglas de participación mantienen el enfoque en lo que es importante y desalientan comportamientos improductivos, controlando las tensiones y fomentando actividades que impulsan la innovación. Estas reglas se sitúan en dos categorías:

- **Cómo interactúan las personas.** Exigen confianza mutua, respeto mutuo e influencia mutua, dando voz a todos los miembros del equipo.

- **Cómo piensa la gente.** Exigen que todos cuestionen todo, se basen en datos y vean el panorama completo.

Sin embargo, para innovar no basta la disposición. Los autores del artículo mencionado sostienen que es absolutamente necesaria la capacidad para innovar, la cual requiere desarrollar tres capacidades organizativas:

1. Abrasión creativa. Capacidad de generar ideas mediante el discurso y debate, poniendo a prueba las ideas de todos los miembros del equipo.

2. Agilidad creativa. Capacidad de probar y experimentar a través de la búsqueda rápida y proactiva de nuevas ideas, seguida de la reflexión sobre los resultados de los experimentos, para terminar con la adaptación de planes y acciones con base en los resultados.

3. Resolución creativa. Capacidad de llegar a soluciones integradoras combinando ideas dispares e incluso opuestas.

Como ya hemos dicho anteriormente, se trata de desarrollar la capacidad de aprender (aumentar la tasa y el alcance del aprendizaje) y esto, para los líderes, se traduce en establecer las condiciones para un aprendizaje rápido y sostenido. Y en esa línea, tienen que trabajar con los empleados para ayudarlos a reconocer que aún hay mucho por aprender y de que existen muchas oportunidades para generar ese aprendizaje.

Entonces, para alcanzar el potencial de la diversidad, los líderes deberán trabajar en dos de las características que hacen exitosos a los equipos: la diversidad cognitiva y la seguridad psicológica.

La diversidad cognitiva

En los últimos tiempos las organizaciones han ido poniendo énfasis en actividades y políticas para fomentar prácticas inclusivas, logrando significativos avances. Dicho enfoque está basado en la premisa de que las empresas más diversas tienen más probabilidades de superar en rentabilidad a las empresas similares, pero con menor diversidad.

El informe de Deloitte *Nuevos fundamentos para un mundo sin fronteras*[6] refiere que, tradicionalmente, el progreso en materia de DEI[7] se ha medido en función de las actividades realizadas con mayor énfasis que en los resultados conseguidos, y poniendo más énfasis en soluciones individuales que en soluciones para todo el ecosistema organizacional. Por otro lado, estas iniciativas encuentran otro obstáculo para su avance, cuando se comprueba la falta de conexión entre los objetivos de DEI y los principales objetivos de las compañías.

Sin embargo, la gran incógnita que aún persiste está relacionada con la correlación entre diversidad y desempeño: ¿realmente, una compañía más diversa tiene un mejor desempeño? Con esto en mente, los profesores de la *London Business School*, Alison Reynolds y David Lewis, conduje-

---

6. Linda A. Hill, Greg Brandeau, Emily Truelove, and Kent Lineback, «Collective Genius», en Harvard Business Review, junio 2014.

7. Las siglas DEI hacen alusión a los términos Diversidad, Equidad e Inclusión. Se dice que una organización es diversa, cuando refleja la sociedad en la que opera en términos de raza, etnia, nacionalidad, identidad de género, identidad LGBT+, entre otros atributos. La equidad, a diferencia de la igualdad, garantiza acceso a las oportunidades es proporcional a las necesidades de cada persona. Finalmente, la inclusión tiene que ver con garantizar las mismas oportunidades para todos.

ron una investigación que tomó 12 años, cuyos resultados fueron publicados en HBR en 2017[8]. Uno de los hallazgos que llamó la atención fue la ausencia de correlación entre la mencionada diversidad con el desempeño, siendo que a algunos grupos diversos les fue bien y a otros, increíblemente mal, independientemente de la diversidad de género, etnia y edad.

Pese a ese hallazgo, siguieron profundizando para encontrar causales de la variabilidad del desempeño, incorporando un concepto que fue más allá del género, la raza o la edad: la **diversidad cognitiva**, la misma que considera las diferencias en la perspectiva o estilos de procesamiento de la información, es decir cómo los individuos piensan y se involucran en situaciones nuevas, inciertas y complejas.

En esta segunda etapa encontraron una correlación significativa entre una alta diversidad cognitiva y un alto rendimiento, llegando a la conclusión de que un alto grado de diversidad cognitiva podría generar aprendizaje y desempeño acelerados ante situaciones nuevas, inciertas y complejas. Sin embargo, encontraron dos factores que hacen difícil detectar esa diversidad cognitiva:

- **La diversidad cognitiva es menos visible** que los otros tipos de diversidad (por ejemplo: género, raza y edad), toda vez que no podemos detectarla fácilmente desde fuera, porque no es usual que una persona haga visible cómo procesa la información, por ejemplo. Por ello es aún más difícil predecirla y administrarla.

---

[8]. Alison Reynolds & David Lewis, «Teams Solve Problems Faster When They're More Cognitively Diverse», en Harvard Business Review, marzo 2017.

- **Existen barreras culturales a la diversidad cognitiva,** las mismas que la limitan o restringen. Una de ellas es el llamado «sesgo funcional», el mismo que lleva a un líder a formar un equipo en el cual todos piensan y se expresan de modo similar, lo cual será un problema al momento de enfrentar situaciones inciertas y complejas o que requieran cambio. En estos casos la limitada diversidad cognitiva limitará la capacidad del equipo para ver las cosas desde diferentes perspectivas o pensar en opciones nuevas, reduciendo el impacto de las iniciativas.

Para evitar que esto ocurra, los líderes deben asegurarse de que los procesos de reclutamiento y selección favorezcan la diversidad cognitiva. Asimismo, cuando se encuentren frente a una situación nueva, incierta y compleja, y todos estén de acuerdo sobre qué hacer, siempre es mejor buscar a alguien que no esté de acuerdo.

Finalmente, será necesario que los líderes alienten a los empleados a arriesgarse y expresar libremente sus pensamientos o ideas sin temor a romper la «homogeneidad» del equipo, permitiendo que sean ellos mismos. De esto trata, precisamente la **seguridad psicológica**.

La seguridad psicológica

El término «seguridad psicológica» fue introducido por Amy Edmonson, profesora e investigadora de la Escuela de Negocios de Harvard en 1999. En el artículo antes citado[9], menciona que fomentar la seguridad psicológica implica «garantizar que nadie sea castigado si pide ayuda o admite un error».

---

9. Amy C. Edmonson, «The Competitive Imperative of Learning», en Harvard Business Review, julio – agosto 2008.

McKinsey la define[10] como «la ausencia de miedo interpersonal» y Amy Gallo[11] afirma que «la seguridad psicológica es una creencia compartida por los miembros de un equipo de que está bien correr riesgos, expresar sus ideas e inquietudes, formular preguntas y admitir errores, todo sin temor a consecuencias negativas».

Este concepto ha cobrado especial relevancia en los últimos años, a tal punto que muchos científicos sociales sostienen que la seguridad psicológica debería agregarse a las necesidades básicas de la jerarquía de Maslow.

En el artículo citado de McKinsey se habla de que sentirse psicológicamente seguro permite a las personas rendir al máximo en el hogar, la escuela y el trabajo; esto porque la gente se siente segura para tomar riesgos interpersonales, hablar, estar en desacuerdo abiertamente, así como sacar a la luz preocupaciones sin temor a repercusiones negativas o sin la necesidad de tener que endulzar las malas noticias. Por ello, en un entorno laboral psicológicamente seguro, los trabajadores se sentirán animados a compartir comentarios con otros, incluidos comentarios negativos hacia los líderes acerca de sus áreas de oportunidad y de sus necesidades de mejoras y cambios.

Sin embargo, el aporte de la seguridad psicológica no se queda solo en el fomento de un entorno transparente, sino que tiene impacto en la eficacia de los equipos, ayuda a incrementar el aprendizaje, mejora la retención, favorece la toma de mejores decisiones y contribuye a la mejora del desempeño. Todo esto hace que la seguridad psicológica pueda convertirse en un predictor sólido y creíble del buen

---

10. McKinsey & Company, «What is psychological safety?», julio 17, 2023.

11. Amy Gallo, «What Is Psychological Safety?», en Harvard Business Review, febrero 2023.

desempeño, de la productividad, la calidad, la resiliencia, la seguridad, la creatividad y la innovación.

La seguridad psicológica no se refiere a actuar afablemente ni a disminuir los estándares de desempeño. Antes bien, se refiere a reconocer que un excelente desempeño requiere apertura, flexibilidad e interdependencia, lo cual se da en un entorno psicológicamente seguro, sobre todo en situaciones cambiantes o complejas. En estos entornos, además, es posible llevar adelante acciones que requieren confianza y respeto, como ofrecer retroalimentaciones negativas o sostener conversaciones difíciles.

Edmonson, desarrolló una matriz para demostrar como interactúan la seguridad psicológica con los estándares de desempeño:

	Estándares de desempeño bajos	Estándares de desempeño altos
Seguridad psicológica ALTA	Zona de confort	Zona de aprendizaje
Seguridad psicológica BAJA	Zona de apatía	Zona de ansiedad

17. Matriz de Estándares de Desempeño y Seguridad Psicológica.
(Basado en: Amy C. Edmonson, "The Competitive Imperative of Learning", HBR)

- **Zona de ansiedad.** Los empleados tienen temor de expresar sus ideas, experimentar con algo nuevo o solicitar ayuda, a pesar de saber que requieren de estas tres cosas.
- **Zona de apatía.** Corresponde a organizaciones en extremo burocráticas y jerárquicas, donde las órdenes vienen «de arriba» y los empleados se limitan a obedecer.
- **Zona de comodidad.** Existe un sentimiento de camaradería entre los empleados, pero al no sentirse retados no se esfuerzan ni muestran interés por hacer algo más.
- **Zona de aprendizaje.** La colaboración y el aprendizaje son los instrumentos para alcanzar un alto desempeño.

Lo que se requiere, en consecuencia, son líderes inclusivos que desarrollen ambientes psicológicamente seguros, los mismos que deberían cumplir los siguientes requisitos:

- **Ser accesibles.** Estar siempre dispuestos a brindar apoyo a sus empleados. Establecer normas y expectativas claras, garantizando previsibilidad y justicia.
- **Fomentar la comunicación abierta y la escucha activa.** Estar siempre dispuestos a dar y a recibir retroalimentación, sea positiva o negativa. Mostrar aprecio y humildad cuando la gente habla; respondiendo siempre en forma constructiva y apreciativa.
- **Reconocer su falibilidad y sus errores**, demostrando cómo se aprende de ellos. Invitar activamente a aportar opiniones. Hacer preguntas abiertas como: «¿Qué estás viendo?» «¿Qué piensas sobre esto?» «¿Cuál es su posición respecto de esta idea?»
- **Desafiar a los trabajadores** respecto de sus puntos de vista y suposiciones sobre su trabajo, e invitarlos a cuestionar siempre el *statu quo*.

Finalmente, será necesario saber si los líderes están siendo efectivos en la construcción de ambientes de trabajo con seguridad psicológica. Para ello, Edmonson desarrolló un cuestionario sencillo de siete preguntas:

1. Si cometes un error en este equipo, ¿no se te reprochará?

2. ¿Los miembros de este equipo son capaces de plantear problemas y cuestiones difíciles?

3. ¿Las personas de este equipo a veces aceptan a los demás por ser diferentes?

4. ¿Es seguro correr riesgos en este equipo?

5. ¿No es difícil pedir ayuda a otros miembros de este equipo?

6. ¿Nadie en este equipo actuaría deliberadamente de una manera que socave mis esfuerzos?

7. Al trabajar con miembros de este equipo, ¿se valoran y utilizan mis habilidades y talentos únicos?

Liderazgo colaborativo

En la era de la revolución de la información y la tecnología digital, se hace muy necesario mantener a los equipos conectados. Esto se hizo más evidente a partir de la pandemia de Covid-19, cuando el teletrabajo fue la norma. Hoy en día sigue siendo necesario cuando el trabajo híbrido está transformando el mundo del trabajo. Por ello, en una era hiperconectada es necesario mantener canales de colaboración que ayuden a la coordinación y la toma de decisiones, con agilidad y sin perder rigurosidad.

La mejor definición de liderazgo colaborativo que encontré fue la de Herminia Ibarra y Morten Hansen[12], quienes sostienen que «es la capacidad de involucrar a las personas y grupos fuera de su esfera de control formal e inspirarlos a esforzarse por metas comunes, a pesar de las diferencias en convicciones, valores culturales y normas operacionales».

Se trata, entonces, de que los líderes dejen atrás estilos correspondientes al pasado, como el de mando y control o el de consenso, para aprovechar el poder de las conexiones y construir un ambiente de colaboración. Para ello será necesario que comprendan las diferencias que separan a un estilo del otro, las mismas que se muestran en la siguiente ilustración.

En la misma investigación se encontró que los líderes colaborativos que logran buenos resultados hacen bien cuatro cosas:

1. Dejan atrás el foco en las conexiones internas para asumir un rol de «**conector global**» entre el mundo exterior con quienes están dentro de la compañía, creando redes de contactos que ayuden a detectar oportunidades.

2. Dejan atrás el trabajo con equipos homogéneos, incorporando **talentos diversos** a los equipos para obtener mejores resultados. Esta diversidad comprende aspectos como género, etnias, generaciones y culturas, pero también antigüedad en la compañía y en el puesto.

3. Dejan atrás las luchas por el poder o la superioridad de las áreas o funciones y construyen un ambiente de **compromiso y colaboración**, favoreciendo la construcción de una cultura de aprendizaje.

---

12. Herminia Ibarra & Morten T. Hansen, «Are You a Collaborative Leader?», Harvard Business Review, julio - agosto 2011.

	MANDO Y CONTROL	**CONTENIDO**	**COLABORATIVO**
Estructura Organizacional	Jerarquía	Matriz o grupo pequeño	Red dispersa y en toda la organización
¿Quién tiene la información relevante?	Alta dirección	Miembros designados formalmente o representantes de los lugares y disciplinas relevantes	Empleados en todos los niveles y ubicaciones y varios stakeholders externos
¿Quién tiene la autoridad para tomar las decisiones finales?	Las prsonas en la cima tienen una autoridad claramente establecida	Todas las partes interesadas tienen la misma autoridad	Las personas que lideran las colaboraciones tienen una autriadd claramente establecida
¿Cuál es la base para la responsabilización y el control?	Resultados financieros según lo planificado	Muchos indicadores de desempeño por función o ubicación	El desempeño depende del logro de metas corporativas
¿Dónde funciona mejor?	Funciona bien dentro de una jerarquía definida; funciona mal en organizaciones complejas y cuando la innovación es importante	Funciona en pequeños equipos; funciona mal cuando la velocidad es importante	Funciona bien para grupos diversos y para el trabajo entre distintas unidades y partes de la compañía, en donde la innovación y la creatividad son cruciales

18. Comparativo entre los tres estilos de liderazgo.
(Fuente: Herminia Ibarra & Morten T. Hansen, "Are You a Collaborative Leader?", HBR)

4. Dejan atrás los escenarios de conflictos que retrasan la toma de decisiones asumiendo un **rol fuerte y decisivo**, tanto en la conformación de los equipos como en la dirección de estos, asegurándose de que las discusiones e intercambio de opiniones enriquezcan las decisiones y no las dilaten en demasía.

Finalmente, el gran reto de los líderes será aprovechar la diversidad, manejando adecuadamente las diferencias, capturando todo el valor posible de las ideas que surgen de la colaboración entre empleados y entre equipos.

Mis conclusiones

- La principal misión de líder es transformar e innovar, siempre y en todo momento; para hacer frente al mundo del conocimiento, de los datos, de lo digital, de lo incierto y de lo impredecible. El líder tiene que administrar el reto de pasar de gestionar los negocios «como de costumbre», en el cual la fórmula del éxito consistía en conocer el contexto y anticipar los escenarios, para ahora gestionar el mundo de lo desconocido y lo inesperado. Para ello debe aprender a liderar la experimentación y la innovación, incorporando a la gestión diaria variables como agilidad, *design thinking*, prototipado, indagación, entre otras; así como relacionar el buen desempeño con el aprendizaje rápido y a la innovación.

- Para crear una cultura de innovación, los líderes deberían trabajar en generar colaboración, improvisación y espontaneidad, permitiendo el desarrollo de grandes ideas de los trabajadores. Asimismo, deben construir un sentido de comunidad con base en propósitos, valores compartidos y normas del compromiso.

- También es importante que los líderes garanticen la **diversidad cognitiva**, la misma que considera las diferencias en las personas en su forma de pensar y de involucrarse en situaciones nuevas, inciertas y complejas. Además, será necesario que garanticen **seguridad psicológica**, es decir dar seguridad a los miembros de un equipo de correr riesgos, expresar sus ideas, formular preguntas y admitir errores, sin temor a consecuencias negativas.

- Finalmente, será necesario que los líderes dejen atrás estilos de mando o control y construyan un ambiente colaborativo, en el cual las personas se enfoquen en metas comunes, a pesar de las diferencias personales y de pensamiento.

GESTIONAR EL CAMBIO CON EL CAPITAL HUMANO

7

«Huye de la historia que te frena. Lánzate a la que estás dispuesto a crear.».

—Oprah Winfrey

E l buen desempeño supone alta precisión y ejecución eficiente. Por ello, se hacen planes y presupuestos, se definen indicadores de cumplimiento y procedimientos estandarizados para asegurar que no se presenten desviaciones. El problema, ya lo hemos dicho, es que eso funciona en escenarios que ya conocemos.

Lo desconocido supone inventar (algo nuevo), descubrir (algo que otro ya inventó), experimentar (para adecuar o mejorar) y, finalmente, aplicar.

El problema es que una gestión financiera tradicional, basada en la pura contabilidad, parte del hecho de que el 100% de las ganancias, sinónimo de éxito, provienen del enfoque previsible. El enfoque de lo incierto o de lo desconocido solo tiene costos o, usando un eufemismo, posibles «ingresos futuros».

Manejada así, una compañía tradicional se pondrá en el lado conservador y apostará solo por lo seguro y por lo predecible. Incluso, podría ser peor si aplicamos las reglas para gestionar «como de costumbre» en un escenario donde cada vez se hace más necesario pensar «fuera de la caja». Con ello, simplemente, vamos a bloquear la innovación y vamos a poner trabas a la transformación.

La nueva realidad nos exige un enfoque diferente para cambiar las reglas de juego. La necesidad de transformarnos nos obliga a movernos al lado de lo no predecible, es decir, al lado de la innovación.

Necesitamos «aprender a aprender». Tenemos que aprender a adaptarnos y tenemos que aprender a dar respuestas rápidas, que no siempre van a ser ganadoras. Y esto porque la pura adaptación no afecta lo que sabemos; el aprendizaje sí.

La mayoría de compañías demostraron que podían moverse al lado de lo incierto cuando estalló la pandemia del Covid-19; entonces ya deberían conocer el camino para mantenerse ágiles y flexibles, mientras van delineando y construyendo su futuro.

Al fin y al cabo, se trata de aprender: aprender de los éxitos, pero también de los fracasos; para lo cual, las compañías deberían establecer las condiciones para un aprendizaje rápido y sostenido. El problema es que muchas compañías y sus líderes creen que ya lo saben todo; entonces, allí si es difícil tener apertura para seguir aprendiendo. Para trabajar en equipo y construir un futuro de éxito, es necesario anular esa tendencia cognitiva natural, lo cual comienza por reconocer los puntos ciegos. Y eso entraña un nuevo desafío: balancear la gestión de lo conocido con el liderazgo frente a lo desconocido.

Sobre la base de la seguridad psicológica, de la cual ya hemos hablado, deberíamos buscar un desempeño superior que mantenga la excelencia en la ejecución y garantice resultados en el hoy; y que, a la vez, agregue variables que ayuden a poner en libertad la creatividad del Capital Humano.

Para ello será necesario ofrecer claridad absoluta en los roles y objetivos, basado en el pleno conocimiento del propósito de cada miembro del equipo. Eso le dará a los trabajadores la seguridad de innovar y pensar diferente, asumiendo riesgos, pero buscando siempre hacer bien las cosas y manteniendo un alto nivel de excelencia, porque tienen la certeza de que su trabajo es importante y contribuye a los objetivos y planes del negocio.

Los retos son diversos, por ello, las prioridades para la gestión del Capital Humano deben ser claras y contribuir a ese cambio tan necesario en todas las compañías. Por ello me permito recomendar los cinco aceleradores para la **Revolución de Capital Humano**:

1. Garantizar la continuidad del liderazgo.

2. Asegurar las capacidades organizacionales necesarias.

3. Construir el lugar del trabajo del futuro.

4. Equilibrar ahorros e inversiones de talento.

5. Impulsar el lado humano de la sustentabilidad.

Garantizar la continuidad del liderazgo

La escasez de talento calificado en el mercado, el panorama económico y la necesidad creciente de mayor innovación, hace cada vez más imperativa una mejor preparación de todos los niveles de liderazgo y de afinar los cuadros de reemplazo, tanto internos como externos.

De no actuar a tiempo, la brecha seguirá agrandándose, por lo que es necesario actuar ya; especialmente en lo que respecta a las habilidades relacionadas con el Liderazgo Humano: comunicación efectiva, capacidad para influir positivamente, gestión del cambio, habilidades para el *coaching* y la mentoría, empatía e inteligencia emocional.

En lo que respecta a los procesos de digitalización, los líderes deberán ser capaces de conducir con éxito los esfuerzos de transformación de las compañías, asumiendo el reto de una manera integral y siendo capaces de atraer nuevo conocimiento y crecimiento, repensar o reposicionar los actuales modelos de negocio, apuntando siempre a dar los mejores resultados.

De esta manera, el líder de la transformación deberá contar con el denominado «Perfil T», término que se usa desde los años noventa, pero que lo puso de moda Tim Brown, el CEO de la consultora digital IDEO, al hablar sobre cómo impulsar proyectos de innovación construyendo equipos interdisciplinarios[1]. Los ejecutivos con este perfil se caracterizan por tener conocimientos específicos y, a la vez, generales; es decir, se formaron en una especialidad, pero también son capaces de dominar competencias fuera de esa especialidad.

---

1. Brown, Tim. «Change By Design. How Design Thinking Can Transform Organizations And Inspire Innovation». Harper Business, 2009.

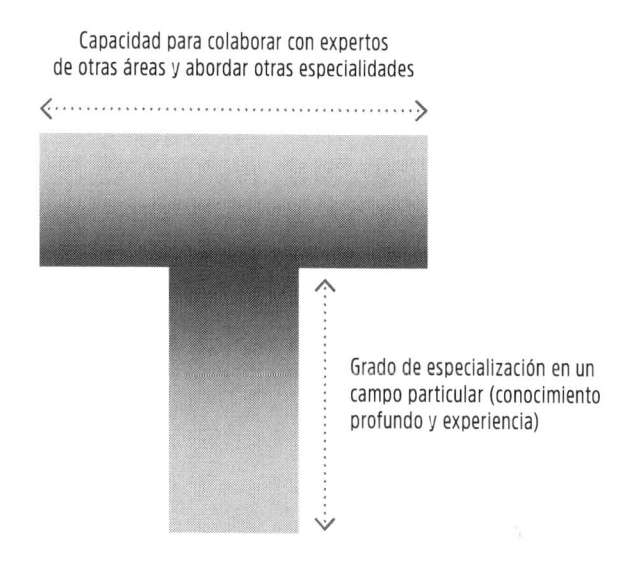

Capacidad para colaborar con expertos
de otras áreas y abordar otras especialidades

Grado de especialización en un campo particular (conocimiento profundo y experiencia)

19. Perfil T de los ejecutivos (elaboración propia)

Finalmente, el líder del futuro habrá de ser, por encima de todo, un «detector y cultivador de talento», independientemente del área para la cual trabaje. Por ello habrá que poner especial atención a los *pipelines* de talento, los mismos que nos permitirán contar con cuadros de reemplazo listos para asegurar esa continuidad en el liderazgo; pero también nos permitirán tomar decisiones cuando sea preferible traer talento externo para cubrir capacidades que la organización no tiene.

Asegurar las capacidades organizacionales necesarias

La creciente dificultad para encontrar al mejor talento en el mercado, motivada por una disminución de la población en edad de trabajar, las preferencias generacionales en relación al compromiso o la irrupción del *gig economy* [2] en desmedro de los trabajos formales, supone para las compañías un problema tal vez mayor que la propia inflación o recesión.

En paralelo a dicha escasez de gente surge otra, tal vez más preocupante: la escasez de habilidades críticas, motivadas por la digitalización de procesos y los acelerados cambios en las estrategias empresariales. Por ello, uno de los principales temas en la agenda de los gestores de Capital Humano será, sin duda, la necesidad de nuevas o mejoradas capacidades y habilidades, para lo cual tendrán que invertir en el aprendizaje futuro, así como en el *reskilling* de la fuerza laboral. También será necesario conocer las habilidades presentes para aprovecharlas al máximo, rediseñar la fuerza laboral para mejorar las capacidades, así como desarrollar habilidades para el futuro sin descuidar las actuales.

Las tan deseadas transformaciones organizacionales deben basarse en un nuevo enfoque de habilidades y capacidades. La era de las decisiones de carrera con base en puestos de trabajo está quedando atrás, para dar paso a la era de la planificación de la fuerza laboral basada en datos y habilidades.

---

2. *Gig economy* es una expresión anglosajona que se puede traducir como economía de los pequeños encargos. Consiste en que la empresa contrata a profesionales externos para realizar trabajos esporádicos de duración concreta y sin exclusividad con la empresa contratante.

Sumado a ello, será necesario replantearnos el cómo gestionamos a la fuerza laboral. En el informe de Deloitte *Nuevos fundamentos para un mundo sin fronteras*[3] se menciona que las organizaciones están recurriendo con mayor frecuencia a trabajadores no tradicionales para actividades de gran valor e importancia estratégica; sin embargo, sus estrategias y prácticas de personal fueron diseñadas para trabajadores tradicionales.

Para aprovechar al máximo el potencial de esta fuerza laboral, ganar en agilidad y escalabilidad empresarial y generar alto desempeño y mayor productividad, será necesario pensar en la fuerza de trabajo como un ecosistema global y sin fronteras, en el que los distintos tipos de trabajadores tienen necesidades diferentes y realizan aportaciones valiosas de diferentes maneras. Para ello será necesario:

Adoptar una mentalidad de ecosistema de la fuerza laboral; para lo cual será necesario incorporar a todos los trabajadores, sin excepción (a tiempo completo o parcial, remotos o presenciales), en la cultura organizacional para hacerlos sentir parte importante del proyecto empresarial. Visto así, el camino para asegurar el desarrollo de las capacidades necesarias, pasa por:

- Adoptar un enfoque basado en las habilidades, capacidades e intereses, por encima de funciones de puestos o títulos de cargos.

- Crear una plataforma abierta para el personal, de manera que se puedan desarrollar estrategias que reconozcan las contribuciones individuales, así como sus necesidades y preferencias únicas.

---

3. Deloitte Insights. «Nuevos Fundamentos para un Mundo sin Fronteras. Tendencias Globales de Capital Humano 2023».

- Pasar de dirigir a orquestar, dejando de lado los enfoques heredados de mando y control, para alinear e integrar funciones cruzadas.

Construir el lugar de trabajo del futuro

Poco a poco va quedando relegada la concepción pre pandémica de «el lugar de trabajo», caracterizado por un lugar específico, diferente al hogar, rígido y estructurado, en el que grupos de trabajadores se reúnen físicamente para colaborar en un proyecto empresarial; para dar lugar a un concepto mucho más amplio, que se asemeja a un sistema solar donde los trabajadores son el centro en torno al cual gira todo lo demás.

Lo que importa ahora es «lo que haces» y no el «dónde lo haces»; el trabajo ya no está vinculado a una ubicación física y la información está en la nube, lo cual permite contar con una fuerza laboral dispersa, pero integrada digitalmente. El antiguo «lugar de trabajo» está pasando a convertirse en un centro social al que es necesario asistir con alguna frecuencia para coordinar y convivir. Por todo ello, las compañías van a requerir ser muy elásticas en su estrategia para poder adaptarse a los continuos cambios, creando modelos híbridos y flexibles.

El futuro nos lleva hacia un lugar de trabajo sin fronteras impulsado por la digitalización y la capacidad de los trabajadores para definir la mejor forma, momento y lugar para hacer su trabajo, priorizando sus necesidades y bienestar. El informe mencionado de Deloitte[4] nos brinda las siguientes recomendaciones para asumir con éxito esta tarea:

- Analizar las implicancias de cada trabajo antes de to-

---

4. Deloitte Insights. «Nuevos Fundamentos para un Mundo sin Fronteras. Tendencias Globales de Capital Humano 2023».

mar decisiones acerca del mismo. No existe un modelo único para todos los trabajos; por ello, para definir dónde debe trabajar la gente, primero es necesario entender los requerimientos y necesidades específicas asociados a cada trabajo.

• Diseñar la experiencia en función a los resultados finales que se pretenden alcanzar, para determinar dónde se crea mejor ese valor.

• Empoderar a la persona, al equipo y al ecosistema, alineando las necesidades de la organización con las necesidades y deseos de todos sus trabajadores.

Equilibrar ahorros e inversiones en talento

Administrar el Capital Humano en un escenario de incertidumbre, volatilidad en los ingresos y recortes presupuestarios, puede ser muy desafiante. Sin embargo, hoy más que nunca, es necesario priorizar la gestión estratégica del talento.

Gartner recomienda tres acciones para equilibrar los gastos y los ahorros en talento[5] frente a escenarios de incertidumbre o de estrechez financiera:

• **Reducir:** Disminuir la cantidad de procesos, herramientas o servicios, recortando niveles de servicio, cancelando o posponiendo proyectos o congelando contrataciones. Si fuera necesario, como último recurso, tomar medidas más drásticas, como reducciones de personal o recortes salariales, estas deberían hacerse en áreas donde son inevitables.

---

5. Gartner. «How to Balance HR Cost Savings and Talent Investments in 2023». Publicado el 26 de mayo de 2023.

- **Reemplazar:** Encontrar alternativas menos costosas o más eficientes al gasto actual. Ello podría traducirse, por ejemplo, en renegociar acuerdos con proveedores o reorganizar la cartera de proveedores externos. También se podría optar por trasladar tareas transaccionales a equipos de servicio compartidos y subcontratar procesos completos.

- **Repensar:** Este proceso puede ser un poco más complejo, porque para repensar el gasto, por lo general se requiere una evaluación exhaustiva y, a veces, incluso inversiones iniciales. Los ejemplos incluyen: rediseñar el modelo operativo de recursos humanos, estandarizar y centralizar procesos e implementar soluciones tecnológicas para automatizar procesos o permitir el autoservicio.

Si, a pesar de todo, es necesario hacer reducciones, habrá que hacerlas con precisión, evitando recortes transversales, ya que estos solo consiguen que se vayan los mejores. Lo ideal es asumir estos recortes como una oportunidad para optimizar la fuerza laboral, prescindiendo de aquellos que tengan bajo desempeño o que ocupen posiciones no estratégicas.

Lo que no debería sacrificarse son las inversiones para seguir desarrollando al talento y construir capacidades para el futuro.

Impulsar el lado humano de la sustentabilidad

Un artículo publicado en Bloomberg a inicios del 2023[6] daba cuenta de que en 2022 más personas trabajaron en empresas de energía limpia que en empresas de combustibles fósiles y que, cada día, una cantidad mayor de personas renuncia a sus trabajos para abordar el cambio climático. Otro informe similar[7] nos pone frente al hecho de que la mitad de los empleados de la Generación Z (personas nacidas entre finales de los 90 y principios de los 2010) en el Reino Unido ya han renunciado a su trabajo debido a un conflicto de valores; y el 48% de las personas entre 18 y 41 años dicen que están dispuestas a aceptar un recorte salarial para trabajar en una empresa que se alinee con sus valores de sostenibilidad. Si esto se multiplica en el futuro y escala a otros segmentos, seguramente muchas compañías podrían atravesar numerosas dificultades para atraer talento de calidad.

El estudio de Deloitte citado anteriormente[8] menciona que los esfuerzos iniciales de las empresas por hacer frente a los problemas de sustentabilidad[9] han venido siendo

---

6. Oscar Boyd y Akshat Rathi. «Meet the Climate Quitters». Publicado en Bloomberg el 05 de enero de 2023.

7. «Why young workers are leaving fossil fuel jobs – and what to do if you feel like 'climate quitting'». Publicado en The Conversation el 27 de octubre de 2023.

8. Deloitte Insights. «Nuevos Fundamentos para un Mundo sin Fronteras. Tendencias Globales de Capital Humano 2023».

9. La sustentabilidad busca encontrar un equilibrio entre el medio ambiente y el uso de los recursos naturales. La RAE afirma que el término sustentable es algo que se puede sustentar por sí mismo; pero, en mi opinión, la mejor definición es la adoptada en 1987 por la *World Commission on Environment and Development*: «El desarrollo susten-

impulsados por las relaciones públicas o la defensa de la marca, dejando de lado resultados tangibles como consecuencia de esfuerzos reales en acciones de responsabilidad social empresarial: reducciones de emisiones en las operaciones, acciones para cuidado y protección del medioambiente, mayor cuidado del agua y la naturaleza, entre otras.

Considera, además, que estamos frente a la oportunidad de dar el siguiente paso para lograr resultados tangibles centrándonos en el elemento humano, para lo cual sugieren las siguientes acciones:

• Dejar de considerar a la sustentabilidad como una iniciativa aislada de ESG[10] e integrarla en el propósito, la estrategia y la cultura.

• Planificar estratégicamente el desarrollo de capacidades sostenibles, definiendo las habilidades necesarias de la fuerza laboral para operar en una cultura y en un futuro de sustentabilidad.

• Hacer que el trabajo sea mejor para las personas, creando «buenos empleos» en los que los trabajadores tengan voz y posibilidades reales de desarrollo, y en los que se priorice la salud, la seguridad y el bienestar del Capital Humano.

---

table hace referencia a la capacidad que haya desarrollado el sistema humano para satisfacer las necesidades de las generaciones actuales sin comprometer los recursos y oportunidades para el crecimiento y desarrollo de las generaciones futuras».

10. Las siglas ESG que responden en inglés, a las palabras *Enviromental, Social y Governance*, tienen que ver con el marco que utilizan las compañías para supervisar e informar los avances de sus programas de sustentabilidad a través de su compromiso social, ambiental y de buen gobierno, sin descuidar los aspectos financieros.

- Influir positivamente en las personas actuando en un marco de «sustentabilidad humana», creando valor para los trabajadores actuales y futuros y, en términos más amplios, para los seres humanos y la sociedad.

DISEÑAR LA ESTRATEGIA PARA TRIUNFAR CON EL CAPITAL HUMANO   8

«Una visión sin una estrategia sigue siendo una ilusión.».

—**Lee Bolman**

A lo largo de este libro hemos recorrido los desafíos que entraña gestionar al Capital Humano en el nuevo mundo del trabajo. Ahora tenemos, como punto final, que definir la estrategia que cada quien seguirá para abordar dichos desafíos y generar el mayor valor para el negocio a través de las personas.

Una estrategia de Capital Humano es necesaria para alinear la cultura, los procesos con la gente y los sistemas, de forma tal que confluyan en acciones orientadas al cumplimiento del plan de negocio. Dicho de otra forma, constituye un plan de largo plazo que define las acciones a ejecutar como parte del ciclo y procesos de Capital Humano.

Mi intención es proveerte de una guía práctica y sencilla para que puedas desarrollar y documentar una estrategia de Capital Humano, brindándote una estructura que se adecúe a cualquier compañía, independientemente de su rubro, constitución o tamaño.

Una buena estrategia de Capital Humano debería impactar en tres grandes dimensiones:

- Las iniciativas y objetivos estratégicos de la compañía.
- La cultura y los procesos de Capital Humano.
- La función de Capital Humano.

Las iniciativas y objetivos estratégicos de la compañía

No es posible construir una estrategia de Capital Humano sin tener absoluta claridad del propósito y del plan estratégico de la compañía, el cual debe definir con claridad los planes y objetivos de crecimiento definidos por esta.

Para ello debes seguir los siguientes pasos:

1. Revisa el **plan estratégico** de la compañía y extrae las prioridades estratégicas y los objetivos claves de la compañía.

2. Reúnete con los ejecutivos clave de la organización para **profundizar en cada prioridad.**

3. Con la información completa recibida en el siguiente formato, analiza las implicancias para la función de Capital Humano.

	Prioridad 1	Prioridad 2	Prioridad 3	Prioridad 4	Prioridad 5
Prioridades Estratégicas de la Compañía					
¿Qué fortalezas tenemos como compañía que nos permitirán llevar a cabo con éxito este objetivo estratégico?					
¿Qué debilidades o áreas de mejora tenemos que podría impedir que este objetivo se lleve a cabo?					
¿Qué oportunidades externas / tendencias podríamos aprovechar como compañía?					
¿Qué amenazas externas podrían jugarnos en contra e impedirnos alcanzar este objetivo?					
¿Qué implicaciones tiene este objetivo para la función de Capital Humano?					

20. Iniciativas estratégicas de la compañía y su implicación en la función de Capital Humano

4. Con base en toda la información proporcionada, realiza un diagnóstico para entender qué habilidades o capacidades necesitas desarrollar o construir. Esto será importante para definir la primera parte del plan estratégico de Capital Humano.

	Prioridad 1	Prioridad 2	Prioridad 3	Prioridad 4	Prioridad 5
Prioridades Estratégicas de la Compañía					
¿Qué implicaciones tiene este objetivo para la función de Capital Humano?					
¿Qué habilidades tiene nuestra gente para acompañar este objetivo?					
¿Qué habilidades necesitamos crear o desarrollar en nuestra gente?					
¿Con qué capacidades contamos para acompañar este objetivo?					
¿Qué capacidades necesitamos desarrollar en la compañía?					

21. Habilidades y capacidades que necesitamos crear o desarrollar para acompañar las iniciativas estratégicas

5. Finalmente, define las iniciativas y acciones que deberán llevar a cabo desde la función de Capital Humano para acompañar el plan estratégico de la compañía.

	Prioridad 1	Prioridad 2	Prioridad 3	Prioridad 4	Prioridad 5
Prioridades Estratégicas de la Compañía					
Iniciativas u objetivos para Capital Humano					
Acciones derivadas a efectuar					
Indicadores de éxito					
Presupuesto requerido					
Posibles riesgos					

22. Definición de iniciativas estratégicas de Capital Humano para soportar la estrategia de negocio

La cultura y los procesos de Capital Humano.

A continuación, será necesario definir temas relacionados con la cultura y los procesos de Capital Humano, con el fin de definir iniciativas de mejora que contribuyan a generar ventajas competitivas para la organización.

	Cultura	Propuesta de valor	Experiencia del empleado	Gestión del Desempeño	Gestión del Talento
Estatus actual					
Fortalezas					
Oportunidades de mejora					
Acciones para mejorar el proceso y su impacto					
Indicadores de éxito					
Presupuesto requerido					

23. Definición de iniciativas estratégicas de Capital Humano para consolidar los procesos de la función

La función de Capital Humano.

El proceso de planeación no estaría completo si no hacemos un inventario de las fortalezas y áreas de oportunidad de la función de Capital Humano, toda vez que es necesario que esta cuente con las capacidades y recursos para llevar a cabo la agenda definida en los dos segmentos anteriores.

	Estructura	Capacidades	Tecnología	Procesos
Estatus actual				
Fortalezas				
Oportunidades de mejora				
Acciones para mejorar el proceso y su impacto				
Indicadores de éxito				
Presupuesto requerido				

24. Definición de planes de acción para consolidar la función de Capital Humano

Con toda la información recogida y analizando la misma, ya estarás en capacidad de formular tu estrategia de Capital Humano, la cual debe definir con claridad las nuevas iniciativas estratégicas que llevarás a cabo para apoyar las iniciativas estratégicas que ya existen en la compañía, la cultura y los procesos de gente, así como la agenda para fortalecer la función de Capital Humano.

Es importante que definas indicadores de éxito que impacten en el negocio; procura prescindir de los indicadores que solo impacten en procesos de Capital Humano. Siempre se puede encontrar estas mediciones; recuerda que para ello hay que empezar con un enfoque de negocio; luego ya podrás enriquecerla con una perspectiva orientada a las personas.

Recuerda que el propósito de la función de Capital Humano, no está relacionado con los procesos de gente, sino con la estrategia y resultados de la compañía. El aporte esperado tiene que ver con que la compañía cumpla su plan y logre sus metas a través del buen desempeño de la gente; y es allí donde la función entra a tallar para ayudar a los líderes de la compañía a que cuiden, motiven y desarrollen a su gente.

El lado difícil de nuestra función es precisamente que actuamos a través de los líderes y que no es fácil demostrar nuestra contribución. Por ello, será muy importante definir una estrategia que apunte a la generación de valor a través del Capital Humano.

EPÍLOGO

El mundo del trabajo ha cambiado y seguirá transformándose en los próximos años. Por ello, al Capital Humano tenemos que gestionarlo, desarrollarlo, motivarlo y liderarlo de forma diferente, anteponiendo a la persona y sus necesidades, construyendo una atractiva propuesta de valor y cuidando siempre que la experiencia del empleado sea la mejor posible. No olvidemos que los nuevos tiempos exigen que contemos con personas siempre dispuestas a dar lo mejor de sí, gracias a que sus mentes y corazones están abiertos al cambio y a la innovación; para ello será necesario generar sistemas y entornos de trabajo flexibles y de mucha confianza en los que puedan expresarse y aportar sin temor alguno.

El camino no es fácil, pero contamos con el ejemplo de muchas compañías en el mundo que siempre están a la búsqueda de esas buenas prácticas que las hace marcar la diferencia. En este libro habrás podido ver muchos de esos buenos ejemplos y recomendaciones, con los que busco contribuir con tu estrategia de gestión de personas y acompañarte en el camino para triunfar en los negocios a través del Capital Humano.

Finalmente, te reitero mi solicitud para que me escribas tus comentarios, pedidos, críticas y sugerencias; para seguir construyendo modelos que nos permitan obtener el máximo valor del Capital Humano en las compañías y en la sociedad.

Carlos Vivar

larevoluciondelcapitalhumano@gmail.com

La Revolución del Capital Humano
© Carlos Vivar
2024

Made in the USA
Middletown, DE
13 March 2024